方与圆

石磊/编著

方是做人之本，圆是处世之道，方圆之道即是立世之本

方圆有度，该方时方，该圆时圆，才能圆润通达，玩转乾坤。

金盾出版社

内容提要

“天圆地方”，是中国古人的宇宙观。天之大，包容四野，孕育万物，由此生发出中国古人“天圆地方，有容乃大”的宇宙观，进而衍生出中国文化中的处世哲学。《论语》“仁者可谓方也矣”。古代把“内外相应，言行相称”的人称做“方者”；而" 圆" 则具有圆通、随和的意思。

本书全面系统阐释方与圆的人生大智慧，展现了方与圆的人生哲学。在内容上讲述了为人之道、处世之道、经商之道及谋略之道等，并以事例说明了如何在生活中、职场中、商海中恰当地应用方圆哲学和方圆智慧，教你在为人处世中，懂得运用方圆的技巧和学问，正确面对商海中的博弈和竞争，正确对待职场中管人驭人的策略，希望通过阅读本书，使你感悟到方与圆的真正成功做人做事的秘密。

图书在版编目（CIP）数据

方与圆/石磊编著．—北京：金盾出版社，2019.1

ISBN 978－7－5186－1523－0

Ⅰ.①方… Ⅱ.①石… Ⅲ.①人际关系学－通俗读物 Ⅳ.①C912.11－49

中国版本图书馆 CIP 数据核字（2018）第 293532 号

金盾出版社出版、总发行

北京太平路 5 号（地铁万寿路站往南）

邮政编码：100036　电话：66886184

传真：68276683　网址：www.jdcbs.cn

印刷装订：三河市宏顺兴印刷有限公司

各地新华书店经销

开本：880×1230　1/32　印张：7　字数：126 千字

2019 年 1 月第 1 版第 1 次印刷

印数：1～5000 册　定价：39.80 元

前 言

“天圆地方”，是中国古人的宇宙观。天之大，包容四野、孕育万物，由此生发出中国古人“天圆地方，有容乃大”的宇宙观，进而衍生出中国文化中的处世哲学。《论语》曰：“仁者可谓方也矣”。古代把“内外相应，言行相称”的人称作“方者”，而“圆”则具有圆通、随和的意思。

孟子说：“规矩，方圆之至也。”五千年的生存智慧浓缩于方圆之中，似太极般刚柔相济、变幻无穷。方圆智慧以不变应万变、以万变应不变，可以让你进退自如、无往不胜，营造良好的生存环境，成就功名与大业。

方是做人之本，圆是处世之道，方圆之道即是立世之本。“智圆行方”被古人当作境界极高的人生道德和智慧，许多人以此为治家之道。黄炎培曾教育儿子：“和若春风，肃若秋霜。取象于钱，外圆内方。”意为做人要像古代的钱币一样外圆内方，体现了为人之道和处世之道的至高学问和通达智慧。做人要有脊梁、有血性，要有金戈铁马、挥斥方遒的志向和气度，不可墨守成规、拘泥于形式，要有圆融处世、适应社会潮流的柔韧。在为人处世的过程中应方圆有度，该方时方、该圆时圆，才能圆润通达、玩转乾坤。可以说，方圆智慧是为人处世的永恒智慧。

人仅仅依靠“方”是不够的，还需要有“圆”的包裹。一个人如果过分方方正正、有棱有角，必将碰得头破血流；但是一个人如果八面玲珑、圆滑透顶，总是想让别人吃亏、自己占便宜，也必将众叛亲离。外圆内方的人，有忍的精神、有让的胸怀，有貌似糊涂的智慧、有形如疯傻的清醒。无论是在商界、仕途，还是交友、情爱、谋职等等方面，都需要掌握“方圆”的技巧，才能无往而不胜。

《方与圆》一书，全面系统阐释了方与圆的人生大智慧，展现了方与圆的人生哲学。在内容上讲述了为人之道、处世之道、经商之道及谋略之道等，并以事例说明了如何在生活、职场、商海中恰当地应用方圆哲学和方圆智慧，教你在为人处世中懂得运用方圆的技巧和学问，正确面对商海中的博弈与竞争，正确对待职场中管人驭人的策略。希望通过阅读本书，使你感悟到方与圆的真正成功做人做事的秘密。

目　录

第一章

做人要方，处世要圆

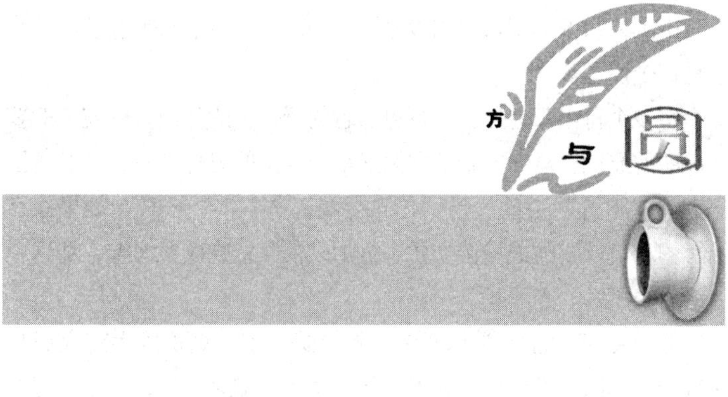

做事要方，做人要圆

1924 年，美国哈佛大学教授团在芝加哥某厂做“如何提高生产率”的实验时，首次发现人际关系才是提高工作效率的关键所在，由此提出“人际关系”的概念。自此以后，人们普遍认识到个人的事业成功、家庭幸福、生活快乐都与人际关系有着密切联系。而人际关系技巧能使你在与人交往中如鱼得水，是你在现实世界中拼搏、奋争的有力武器。这就是我们讲的做事要方正、做人要圆融。

先说方。做事要方正，便是说做事要遵循规矩、遵循法则，绝不可乱来，绝不可越雷池一步，这个道理在中国已流传了上千年。

中国人常说的“没有规矩不成方圆”“有所不为才可有所为”，就是这个道理。

每一个行当都有自己绝不可逾越的行规。比如说做官就绝对要奉守清廉的原则，从一开始就要做好承受清贫的思想准备，就像曾国藩家训“八不得”中的一条“为官要清，贪不得”一样。如果做官开始时的动机就不纯或慢慢变质，企图以权谋私或权钱演变，那这个官就绝对当不好、当不长。

为商要奉行的金科玉律是一个“诚”字。真正的大商人必是以诚行天下、以诚求发展，绝不会行狡诈、欺骗之伎俩，为一些蝇头小利或眼前的得失而失信于天下。像韩国因商业楼倒塌而产生的震惊世界的惨案，便是因为韩国的建筑承包商在建造大楼时偷工减料；像中国某些生产鳖精厂家的秘密彻底被揭露，是因为他们生产的竟是没有鳖的鳖精，他们这是犯了行商的大忌。

做人要圆融。这个圆融绝不是圆融世故，更不是平庸无能，这种圆是圆通，是一种宽厚、融通，是大智若愚、是与人为善，是居高临下、明察秋毫之后心智的高度健全与成熟。不因洞察别人的弱点而咄咄逼人，不因自己比别人高明而盛气凌人，任何时候也不会因为坚持自己的个性和主张而让人感到压迫与惧怕，任何情况都不会随波逐流，要潜移默化别人而又绝不会让人感到是强加于人……这需要极高的素质、很高的悟性和技巧，这是做人的高尚境界。

圆的压力最小，圆的张力最大，圆的可塑性最强。

这圆好做又不好做。好做是因为如果人真正有大智慧、大胸襟，真正能自强自信，心态平和、心地善良，凡事都往好的一面想，凡事都能站在对方的立场为他人着想，人的弱点皆能原谅，即便是遇到恶魔也坚信自己能道高一丈，如若真能那样，人还有什么做不好的呢?

当然，也不乏有人为了某种利益和目的不惜敛声屏息、八面讨好、左右逢“圆”。但这种圆和那种圆绝对有着本质的区别，这种圆的后面是虚伪与丑恶。

任何成功的后面都包含着牺牲。如果说有人能做到内方外圆的话，那肯定包含着许多牺牲。比如说做事要方，做事要有规矩、有原则，就意味着许多事不能做、许多事又非要做，那无疑也就意味着会得罪许多人、惹恼许多人，意味着要舍弃许多利益甚至招来杀身之祸。如中国的抗金英雄岳飞，在“忠”君和“忠”国之间，为了“忠”而舍弃了“孝”。为了这种原则，他惨死在风波亭。

做人圆融，也会有牺牲，有时要牺牲小我；有时要忍辱负重，忍气吞声；更多的时候要承受屈辱、误解，甚至来自至亲至爱的人的伤害。如明明你在履行一种神圣的职责，他却以为你好大喜功；明明你是深谋远虑，他却认为你是哗众取宠。

小牺牲换来小成功，大牺牲换来大成功。能做到方圆融通，同时没有感到那是一种牺牲、痛苦才是大成功、大境界；能为了方圆去承受牺牲的是小成功、小境界；不愿牺牲也做不到方圆的是不成功。

方圆之道蕴藏着成功之道，掌握了做事为人的方圆之道，成功便离我们很近了。

方外有圆，圆内有方

我们经常在报纸上见到穷凶极恶的罪犯窜入老百姓家里，杀人越货、绑架无辜或逼人做人质的时候，被害人是怎样委曲求全，他先以圆融诚恳的语言赢得罪犯的信任，然后伺机在罪犯不在意或误认为在他的胁迫下真的与其合作的时候，出其不意地逃脱报案或径直击败罪犯，这其实是外圆内方的最好例子。试想，如果面对凶狠的罪犯暴跳如雷，罪犯不先砍掉你的脑袋才怪。只有把方用圆先掩盖、包藏起来，装出很诚实的样子，利用拙笨的诚实稳住对方，充分利用对方的怜悯之心，使对方不加害自己，才会为以后施展擒拿罪犯的计谋赢得时间和条件。

这种外圆内方的办法古已有之。三国后期的司马懿就是个外圆内方的高手，他佯装行将就木，瞒过了大将军曹爽，达到保护自己、等待时机的目的，最终实现自己的抱负，统一了天下。这正是："鹰立似睡，虎行似病。"

当今，对一些有经验的领导者来说更是如此，因为他们知道自己的权力再大毕竟还很有限，不可能使所有人都听命于自己。当自己的管理目标受到权力条件限制，一时间难以完全实现时，他就必须运用计谋、审时度势、权衡利弊，首先制服自己权力够得着的对象，暂时稳住还远离自己、鞭长莫及的对象。这在军事学上，叫远交近攻；在处世学上，叫外圆内方；在用人权术上，则是指采用一定的手段，对"权力影响圈"外的下属摆出和蔼可亲、体贴关怀的姿态，但对"权力影响圈"内的下属却严加管制，令人可畏。

总之，人生在世只要运用方圆之理，必能无往不胜、所向披靡；无论是趋进还是退止，都能泰然自若，不为世人的眼光和评论所左右。

商界有巨富，官场有首脑，世外有高人。他们的成功要诀就是精通何时何事可方、何时何事可圆的为人处世技巧。

因此，做人必须方外有圆、圆内有方、外圆内方。

让对方做主角

卡耐基认为，在人与人交往时，只有尊敬对方，交际活动才能顺利进行。如果总是压制对方、强迫对方服从自己，对方不久就会对你产生敌对情绪，从而失去对你的信赖。因此，在交际过程中应努力让对方感到主角是他。

试着留意对方的反应，尽力使对方心情舒畅。在人际交往中，要让对方扮演主角就得准备多个“剧本”。因为不知交往会在何处受挫，所以必须要把能观测到的对方谈话内容写进“剧本”，然后自己根据“剧本”演好配角。要做到使对方成为主角，调查收集与此相关的信息就显得非常重要了。如：对方有什么爱好？对方最喜欢什么、憎恶什么？对方讲话有什么特点？对方有什么个人习惯？对方的弱点有哪些？要基于这样的信息，拟写一份能使对方成为主角并能打动对方的“剧本”。

如果能够做到这一步，对方就会感到与你交往心情舒畅，从而对你产生好感。

在交际过程中，如果遇到某个人你原本准备采用“中等水平”的交际方式，但当你发觉这种方式实在无法进行下去时就需要修改“剧本”重新预演一下了。不过，你事先应该假设出交际过程中有可能出现的各种各样问题，并针对这些问题设想一下自己应做出怎样的调整。

另外，卡耐基还建议我们必须考虑到：对方也有针对于自己的“剧本”，如果对方提出自己预料之外的问题，那么失败的可能是自己，所以必须反复斟酌、不断改善，这样才能使对方成为主角。在工作中，你只有干好了配角才能得到上司的提拔，而处处与上司争功、不配合上司工作则只能受排挤。

让对方做主角，还要让他感受到自己的重要，因为每个人都有成为重要人物的欲望，圆融为人就是要看到这种普通的个人欲望，让他知道你尊重他、在意他。

卡耐基在美国纽约的一家邮局寄信，发现那位管挂号信的职员对自己的工作很不耐烦。于是他暗暗地对自己说："卡耐基，你要使这位仁兄高兴起来，让他马上喜欢你。"同时，他又提醒自己：要他马上喜欢我，就必须说些关于他的好听的话，而他有什么值得我欣赏的呢？非常幸运，他很快便找到了。

在他称卡耐基的信件时，卡耐基看着他，很诚恳地对他说："你的头发太漂亮了。"

他抬起头来，有点惊讶，脸上露出了无法掩饰的微笑。他谦虚地说："哪里，不如从前了。"卡耐基对他说："这是真的，简直像是年轻人的头发一样！"他高兴极了。于是，他们愉快地谈了起来。当卡耐基离开时，他对卡耐基说的最后一句话是："许多人都问我究竟用了什么秘方，其实它是天生的。"卡耐基想：这位朋友当天走起路来一定是飘飘欲仙的，晚上他一定会跟太太详细地描述这个情景，同时还会对着镜子仔细端详一番。

当他把这件事说给一位朋友听时，朋友问他："你为什么要这样做？你想从他那里得到什么呢？"

是的，他想要得到什么？

什么也不要。如果我们只图从别人那里获得什么，那我们就无法给人以真诚的赞美，也就无法真诚地给别人一些快乐。你每一天都可以赞赏别人，并获得应有的效果。

如何做，何时做，何处做？回答是，随时随地都可做。

譬如，你在饭店点的是法式炸洋芋，可是女侍者端来的却是洋芋泥，你就要说：“太麻烦您了，我比较喜欢法式炸洋芋。”她一定会这么回答：“不，不麻烦。”而且会愉快地把你点的菜端来。因为你已经表现出了对她的尊敬和重视。

一些客气话实际上就是对别人的重视。“谢谢你”“请问”“麻烦你”，诸如此类的细微礼貌可以润滑每日生活的单调齿轮。有时候，真诚地重视别人往往还会产生意想不到的效果。

詹姆斯·亚当森是美国纽约超级座椅公司的董事长，当他得知著名的乔治·伊斯曼为了纪念母亲要建造伊斯曼音乐学校和尔伯恩剧院时，很想得到这两座建筑物座椅的订单。然而，伊斯曼只答应和他见五分钟。

“我从未见过这样漂亮的办公室。如果我有一间这样的办公室，一定会埋头工作的。”亚当森是这样开始谈话的。他又用手摸摸一块镶板，说道：“这不是英国橡木吗？条纹跟意大利的稍有不同。”

“是的，”伊斯曼回答，“这是一位对木材特别有研究的朋友替我选的。”

接着，伊斯曼就带他参观了整个办公室，兴致勃勃地介绍那些木材的比例、色彩和手艺。

一小时过去了，两小时过去了，他们愉快的谈话还在继续。最后，亚当森终于从伊斯曼那里得到了满足。这很自然，因为亚当森给了伊斯曼满足。

求大同存小异

心理学家高伯特普曾经说过："人们只在无关痛痒的旧事情上才'无伤大雅'地认错。"这句话虽然不胜幽默，但却是事实。由此，也可以证明：愿意承认错误的人是很少的——这就是人的本性。

如若留心我们的周围就可发现，争辩几乎无处不在。一场电影、一部小说能引起争辩，一个特殊事件、某个社会问题能引起争辩，甚至某人的发型与装饰也能引起争辩。而且往往争辩留给我们的印象是不愉快的，因为它的目标指向很明确：每一方都以对方为"敌"，试图以一己的观念强加于别人。

人与人之间相互交往，难免有意见相左的时候，如果事无巨细都要求有个万全的结果，那就很难圆融待人，所以在这种情境下我们应当把握好求大同存小异的原则。

即使是作为朋友，每一个人也都应该明白这点：自己永远生活在社会、同事、朋友之中，只有"同舟共济"才能共同生存，也只有尊重和帮助别人才能赢得别人的尊重与帮助。

明白了这一点，我们在与朋友交往和办事过程中就必须以求大同存小异为原则。

在现实生活中，朋友之间所处的环境不同，在经历、教育程度、道德修养、性格等方面虽然是"同声相应、同气相求"，但也不尽相同，必然存在着一定的差距。这种差距，不应该成为友谊的障碍。友谊的长久维持应该是正确对待这类差距的结果。应该承认自己和朋友在对待事物方面的差距，适应这种差距，双方可以有争论、有辩解，但不可偏激，应在争论中寻找两个契合点，求大同、存小异。而事实上，有许多友情之所以中断，就缘起于对一些小异的偏激争执上。

所以，当双方都各执己见、观点无法统一的时候，自己应该学会控制自己，把不同的看法先搁置下来，等到双方较冷静的时候再辨明真伪。也许等到你们平静的时候，说不定会相顾大笑双方各自的失态呢。

而当你胜利的时候，也应该表现出自己的大将风度，不应该计较对方的态度。应该顾及对方的面子，可以给对方一支烟或是一杯茶，抑或是向他索求一点小帮助，这样往往可以令他恢复愉快的心理，使朋友之间长期相知相交。

很多时候，人们忽略了朋友的感觉，以为自己用某个理论或事实证明观点的正确就一定能让对方心服口服。而事实上并不是这样。

这样看来，你虽然得到了嘴上的胜利，但和那位朋友的友情却从此疏远了，甚至一刀两断。比较之下，你会不会觉得，当初真是有欠考虑，仅仅为了口头的胜利便得罪了一个朋友——如果那位朋友较小气，说不定他正要伺机报复你呢！

有些人在和朋友翻脸之后，明知大错已铸成，也故作不后悔状，还经常这样觉得："这样的朋友不要也罢。"其实，这样做对你真的有好处吗？其坏的方面很快便能看到，因为一旦和别人结上怨仇，你就会少一位倾吐心事的人。

这种情况我们应该尽一切可能加以避免。圆融为人要求我们能允许不同意见的存在。不仅在一些思想观念上我们要求同存异，就是在具体的办事过程中我们也要遵循求同存异的原则，这样才能有更多的思路把事情办好，同时加深彼此之间的感情，以便日后进一步合作共事。

圆才有良好的人际关系

圆融为人才能有良好的人际关系，这就要求我们重视日常的应酬。

应酬是一门社交艺术，只有善用心思的人才能达到联络感情的目的。卡耐基为我们讲了一个浅显易懂的例子：

一位同事过生日，有人提议大家去庆贺，你也乐意前行，可是去了以后却发现，这么多人为他贺岁，他们为什么不在你生日的时候也来热闹一番？这就是问题之所在，这说明你的应酬还不到家、你的人际关系欠佳。要扭转这种内心的失落，你不妨积极主动一些，多找一些由头，在应酬中学会应酬。

比如，你新领到一笔奖金，又适逢生日，你可以采取积极的策略，向你所在部门的同事说：“今天是我的生日，想请大家吃顿晚饭。敬请光临，记住了，别带礼物。”在这种情形下，不管同事们过去和你的关系如何，都会乐意捧场的，你也一定会给他们留下比较好的印象。

重视应酬，一定要入乡随俗。如果你所在的公司中，升职者有爱请客吃饭的习惯，你一定不要破例，你不请，就会落下“小气”的名声。如果人家都没有请过，而你却独开先例，同事们会以为你太招摇。所以，要按照约定俗成来办。

重视应酬，还有一个别人邀请你去与不去的问题。人家发出了邀请，不答应是不妥的，可是答应以后一定要三思而后行。

对于深交的同事，有求必应，关系密切，无论何种场面都能应酬自如。

如果是浅交之人，去也只是应酬，礼尚往来，最好反过来再请别人，从而把关系推向深入。

能去的尽量去，不能去的千万不能勉强。比如，同事间的送旧迎新，由于工作调动，要分离了，可以去送行；来新人了可以去欢迎。欢送老同事，数年来在工作中建立了一定感情，去一下合情合理；欢迎新同事则大可不必去凑这个热闹，来日方长，还愁没有见面的机会吗？

重视应酬，不能不送礼，同事之间的礼尚往来是建立感情、加深关系的物质纽带。

应酬需把握一些必要的技巧：

（1）对于话题的内容应有专门的知识。当你和对方谈到某一件事时，必须对此确有所认识，否则说起来便缺乏吸引力，不能让对方感兴趣。

（2）充分明了人与人之间关系的真理。有许多事即使做法不同，但道理是永恒不变的，这种“永不改变”的道理，自己要常常放在心里。

（3）要培养忍耐力。切忌凡事小气。经验证明，小气常使自己吃亏。

（4）能够利用语气来表达你自己的愿望。不要使人捉摸不定，有些人以为态度模棱两可是一种技巧，但其实却是相当拙劣的。真正懂得运用应酬技巧的人，都会将自身的立场迅速公开。

（5）常常保持中立，保持客观。按照经验，一个态度中立的人常常可以争取到更多的朋友。甚至对于你的“死党”，你也不必口口声声去对言明，只要事实上是“死党”就行。

（6）对事物要有衡量种种价值的尺度，不要死硬地坚持某一种看法。

（7）要注意保守秘密。一个人如果不能守住秘密，会在很多事情上出现失误。

（8）不要说得太多，想办法让别人多说。

（9）对人亲切、关心，竭力去了解别人的背景和动机。

没有经过准备而进行一项应酬，常常不只不会成功，而且还会遭受无可挽回的失败。

如电话应酬，预先准备好别人说“是”或“否”时你该如何应对，就可以避免太多不必要的烦恼。

只有重视日常生活中的应酬，巧妙应对，我们才能给自己创建一个良好的人际交往群落。

圆融为人会送人情

圆融为人送得恰到好处是人情，送得不当则是尴尬。不管是无意中送的人情，还是有意送的人情，都有一个让对方如何感受、如何认识的问题。而送人情最重要的不在于你送的情分有多重，而在于对方的感受是否重。所谓“千里送鹅毛，礼轻情义重”说的就是这个道理。通常世人最重视的人情是雪中送炭、口渴喂水。

别小看这“一炭之热”“滴水之恩”，这样的人情可得倾林相送、涌泉相报。

在这个社会上，人的内心都有一些需求，有的急有的缓，有的重要有的不重要。而我们在急需帮助的时候获得别人的助益，内心会感激不尽，甚至终生不忘。饿得奄奄一息时送一只萝卜和富贵时送一座金山，就内心感受来说完全不一样。有某种爱好的人遇到兴趣相同的人则兴奋不已，以为是人生一大乐事。两个人脾气相投，就能交上朋友。所以要送人情，便应洞察此中三昧。

在三国争霸之前，周瑜的人生并不是很得意。他曾在军阀袁术部下为官，被袁术任命担任过小小的居巢长，也就相当于一个小县的县令。

这时候地方上发生了饥荒，兵乱使粮食问题日渐严峻起来。居巢的百姓没有粮食吃，就吃树皮、草根，活活饿死了不少人，军队也失去了战斗力。周瑜作为父母官，看到这悲惨情形急得心慌意乱，不知如何是好。

有人献计，说附近有个乐善好施的财主鲁肃，他家素来富裕，想必囤积了不少粮食，不如去向他借。

周瑜带上人马登门拜访鲁肃，刚刚寒暄完，周瑜就直接说："不瞒老兄，小弟此次造访，是想借点粮食。"

鲁肃一看周瑜丰神俊朗、思路敏捷，日后必成大器，他根本不在乎周瑜当时只是个小小的居巢长，哈哈大笑说："此乃区区小事，我答应便是。"

鲁肃亲自带周瑜去查看粮仓，这时鲁家存有两仓粮食，各三千斛，鲁肃痛快地说："也别提什么借不借的，我把其中一仓送与你好了。"周瑜及其手下见他如此慷慨大方，都愣住了。要知道，在饥馑之年，粮食就是生命啊！周瑜被鲁肃的言行深深感动了，两人当下就交上了朋友。

后来周瑜发达了，当上了将军，他没有忘记鲁肃的恩德，将他推荐给孙权，鲁肃终于得到了干事业的机会。

以下几点，在送顺水人情时可供大家借鉴：

（1）不可过分给予。因为饮足井水者，往往离井而去，所以你应该适度地控制，让他总是有点渴，以便使其对你产生依赖感。而一旦对你失去依赖感，或许就不会再对你毕恭毕敬了。

（2）如果你是位领导，你手下有一些属员，他们都希望能通过你得到一些好处，你应该怎样赐予他们人情呢？要经常地赐给他们一点好处，但不可一下子全部满足他们的欲望。否则，对你倾囊施与的恩惠，他们便不以为贵了。

（3）不要对别人施恩过重，这会使人感到自卑乃至厌倦你，因为他一方面感到自己无法偿还这份人情，二来觉得自己很无能。

（4）不妨对别人施以小恩小惠，不要让对方以为你在故意讨好他们。这样一来，你施与的"人情"也就不值钱了。

（5）当对方不需要时，不要"自作多情"，因为这时你送人情会让对方感到多余，对方可能不会领你的情。

（6）送人情不能临时抱佛脚。对方知道你有较重要较麻烦的事要托付他，你临时抱佛脚而施予人情也是不值钱的，至多能把你所托之事办下来，下次有事再托，还要重新搭上情分。倘若对方办不了此事，或者你送的人情太小气，抵不住对方所要付出的代价，对方也不会轻易领你这份情。甚至会干脆回绝你这份情，让你讨个没趣或尴尬。

第二章

说话要方，心态要圆

说话做事，左右逢源

当代社会是讲究沟通的时代，在企业内部事务的协调中，沟通也起着重要作用，怎么交际才能取得企业以及上司的信任和同事的赞许，怎样才能得到更大的提升空间？沟通在其中扮演着重要角色。但是，实际生活中却常常发生“盲人骑瞎马”的情况，例如：

32岁的小李在一家方便食品企业当营销主管，由于他踏实能干、工作积极、遇事善于动脑，因此他所负责的销售市场成绩很突出，但是，当他被提升到主管以后的整整两年时间里却再没有得到进一步提升。部分比他还晚一些提拔的营销主管有的已经荣升为销售经理，这样的状况让他的部下十分搞不懂。不管是能力还是智慧，小李丝毫不比那些人差，但为什么小李的提升如此慢呢？后来，通过仔细观察和慢慢体会，大家终于明白了其不再被提升的原因。原来，小李虽然踏实能干、能力比较突出，但他却有个致命弱点，那就是不善于与领导沟通，平时不太喜欢和领导说话，不善于搞人际“公关”。而且，小李认为自己能力很强，经常“孤芳自赏”，这也不讨领导喜欢。一个营销员不被领导喜欢，他还能得到多少晋升机会呢？所以，虽然当主管已经整整两年，但小李仍然是一个基层管理人员，这是在情理之中的事。

在营销人的职业生涯之中，会沟通、善于交际，是重要的一门必修课。一个聪明的营销人，在内外部都善于沟通，他们不仅仅会“低头走路”，还经常“抬头看路”。他们懂得如何与各种人打交道，并和谐相处，只有那些擅长与人深度沟通的人，在职业生涯中才能左右逢源，获得领导的青睐，并不断获得升迁。而如果做不到这一点，现实就会很尴尬。

张佳是某快速消费品企业的销售部经理，他手握大量客户，为公司创造了天文数字的财富。按理说，他本应该是企业重臣，但在从与他情同手足的总经理的公司跳槽后，他加盟了一家对手的公司。加盟后，张佳因为对新公司的情况一点都不了解，再加上过分自信，升迁一直没有着落。

不久，总部竟然安排了一个“空降兵”接替了总经理的职务。新上司早就听说张佳能力过人，所以从一开始就对他暗中戒备，以防其不服管教，让自己难堪。新上司在到任的第一天就找张佳谈话，言语中隐含着挤兑，暗示他不要太骄傲、不要凡事出风头，更不能与前任总经理暗通款曲，让生意“飞”到对手公司去。在工作中，新老板还经常当众指责他这不对、那不对，而且还经常拿以前那一套来说事儿，大有不逼他辞职走人誓不罢休的架势。

张佳就这样咬着牙熬了几个月，后来再也忍不下去，就自己主动提出辞职。报告交上去不到一天，总经理就立马批准了，然后得意洋洋地把他送出了公司。

一朝天子一朝臣，在公司里，这也是颠扑不灭的真理。有的人能够应对不同的老板，左右逢源，甚至能够借公司一些重新洗牌的机会“上位”；而有的人则不能根据实际调整自己，认死理，经常还会摆出一副“我比你懂”“托孤重臣”的样子来，这样上司肯定会对你产生不满。

这样的事其实在生活中很常见，就像古代社会，帝王为了巩固自己的位置，就想方设法消除任何对自己地位的威胁，有意识地制造各种陷阱，使臣下人人自危，以便于自己大权在握、一手遮天。

一些心术不正、品质卑劣的势利小人经常借一些新旧交替的时机，曲意逢迎、兴风作浪、兜售其奸。这样，朝廷到处都会充斥着诬陷与猜忌。而这也正是帝王所希望达到的目的。于是，很多人竞相告密、蓄意诬陷、卖主求荣。在这样的环境中，一些功臣稍有不慎就有可能被陷害，在猝不及防的情况下遭遇厄运，轻者被贬为庶民、废除官位，重者则会身陷囹圄、诛灭九族，永世不得翻身。

处于封建社会权力顶端的君主颐指气使、作威作福惯了，也就想着让别人给他吹喇叭、抬轿子，处处曲意逢迎，让他充分感受到君临天下的畅快。“上有所好，下必甚焉。”既然君主喜欢这样，自然就会有奸佞小人看好时机、投其所好，进行政治投机，通过骗取君主的信任来达到自己的目的。

即使你在战场上辛辛苦苦杀敌建功，即使你在朝廷里踏踏实实理政议事，到头来，君主喜欢的可能还是奸佞之徒的一颦一蹙，你好不容易、煞费苦心在君主心里培植起来的一点好感，在奸佞之徒的一句谗言之后也会荡然无存。因此，一旦君子触犯了小人，双方针尖对麦芒，最后的结局往往是：小人赢，君子输。这也算得上是中国封建政治机制运作中的一个特点—— 一个畸形的特点。

在漫长历史中，这样的故事不胜枚举：战国时期，赵国名将廉颇、李牧年轻时都曾南征北战，为赵国的强盛做出了不可磨灭的贡献，可是赵王身边的宠臣郭开、韩仓等人玩弄手段，这些功臣就处处碰壁，最终大祸临头，一个仓皇逃命，流亡到异国当上“寓公”，百无聊赖，郁郁而终；另一个则惨遭陷害，饮恨终生。再如燕国名将乐毅，想当年曾统率五国联军讨伐齐国，攻克城池 70 余座，使齐国几乎灭亡，并为燕国一洗昔日遭齐入侵的国耻，功比天高。而这样一个大功臣最后的结局是什么？他的功勋根本经不起燕惠王身边小人的挑拨和捣乱，面临生命之虞的他无可奈何之下只好逃亡赵国，平定齐地的夙愿也随之化为泡影。还有唐代的高仙芝、封常清，在“安史之乱”爆发后，他们受命守潼关，针对叛军来势凶猛、兵锋甚锐的情形，坚壁不战、持重待机。这在当时是非常正确的战略部署，如果按此行事，潼关或许可保，唐明皇也就不用“千乘万骑西南行”，逃往四川做“太上皇”了。可是，几个奸臣一搅和，唐明皇居然给高、封二人戴上畏惧不战丧师失地的帽子，将其处死，结果军心动摇、大势尽去，并逼得继任者哥舒翰为避免重蹈覆辙，不得已投降乱首安禄山。潼关陷落，京城长安也终于落入叛军手中，局面不可收拾。小人乱政、奸佞受宠的恶果由此可见一斑。

还有，曹魏名将邓艾之死，也是同僚、无耻小人钟会诬陷的结果：邓艾率敢死将士穿越没有人烟的崎岖山道，兵临成都，出奇制胜，建下平蜀第一功。但他的功劳却让身为主帅、屯兵挫锐于剑阁的钟会感到十分没面子。这个当年诬陷过大思想家嵇康，使之喋血刑场的小人，妒火中烧，竟不由分说给邓艾父子安上"谋反"的罪名并处死。但没想到"螳螂捕蝉，黄雀在后""天道有常，报应不爽"，钟会不久就死于心肠更狠毒的司马昭之手，罪名也是"谋反作乱"。

而南齐名将、时任南兖刺史的王敬则的惨死，却是自己的东床快婿、著名诗人谢朓邀功媚上的恶果：昏庸凶残的齐明帝对功臣王敬则一直心怀猜忌，而王敬则因为自己忠而见疑，不免经常发发牢骚，双方的关系日益恶化。看到这里，文才超伦、佳诗如泉涌的诗人谢朓为了让自己"清白"，从皇帝那里讨一份残羹剩汤，不惜出卖亲情，向朝廷告发岳父"心怀异志"，使王敬则不明不白地成了刀下鬼。而谢朓却用岳父大人的鲜血从朝廷那里换回了乌纱帽，被破格提升为尚书吏部郎。这位能写出"二百年来无此诗"的佳句，甚至得到李白推崇的大诗人，在人品上却是一个损人利己、投机钻营、落井下石的小人。

由此我们可以发现，君子与小人斗法，最后的结果往往是小人赢、君子败。因为小人虽然庸庸碌碌、一无所长，但是他们却能八面玲珑、摇唇鼓舌，直到左右逢源、飞黄腾达。而性格耿直的功臣勋将、英雄豪杰却落得个四处碰壁、历尽坎坷甚至惨死狱中的下场。无能、奸佞之徒称心如愿、春风得意，耿直之人却惨遭诬陷，这是中国封建社会常见的现象，也是令人痛心的千古悲剧。

也许正因如此，历代史书的很多篇章都是教人如何处理人际关系的，而教人如何做事的却很少。这也许就是要告诉大家，会做人就等于你已经能够拥有一切了，否则，不管你能力有多强、功劳有多大、贡献有多少，最终也不值得一提。封建社会的中国政治不是小人向君子靠拢，而是君子向小人看齐。而君子如果向小人看齐，就会按照小人的思维方式与行为规范慢慢蜕变成小人，也就不再是君子了。也正是因为如此，中国封建政治也就慢慢没了希望，并最终走向灭亡。

但还有这样一些人，他们死要面子，却从来都不肯承认自己的错误。他们觉得即使有千错万错也与自己无关，都是别人的不对。人无完人，谁都会有一些失误，这很自然。关键不在于你是否犯了错误，而在于你犯错误后的态度。如果你出了差错只会一味地埋怨他人，而不从自己身上寻找原因的话，那么就会引起周围人的不满，等下次合作的时候大家谁也不会愿意与你共事的。

在工作中，和睦的同事关系十分重要。一个人一旦被孤立，就没有了意气相投的合作伙伴，那么你离被炒鱿鱼也就不远了。在职场中，那些聪明、有远见的人懂得选择合适的时机承认自己错误，勇于承担责任，这样才会得到别人的原谅、理解甚至崇敬。所以，大家一定要记住，职场中良好的人际关系就是人生最大的财富，不管在什么时候，它都能使你不再孤单，左右逢源、如鱼得水，永远立于不败之地。

古希腊著名寓言作家伊索家境贫寒，年轻时一度在贵族家当奴仆。一次，主人要宴请当时的许多哲学家来参加宴会，就命令伊索准备上好的佳肴。席间，伊索把菜一道道端上来，但每一道菜都是各种动物的舌头。

主人见状大吃一惊，就问他："这是什么？"伊索回答："您要我准备上好的佳肴，各种学问都要靠舌头来传述，哲学家如果没了舌头，他们就没法表达自己的思想，也就没人能明白他们了。所以，我觉得对哲学家来说，舌头才是最好的东西。"听了他的话，客人们都认为他所说得非常有理，都开怀大笑，主人也觉得很体面。

第二天，主人还要请客，就故意吩咐伊索准备最次的菜肴。但没想到，上菜的时候，还是一整桌“舌头宴”。于是，主人就气冲冲地质问伊索：“今天又是怎么回事?”伊索不急不忙地回答：“俗话说，祸从口出，造谣、诬蔑、中伤、诽谤、挑拨等等坏事，难道不是舌头的杰作吗？所以，我觉得舌头是最坏的东西。”话音刚落下，在座的哲学家都十分赞许伊索的智慧。由此可见，有力、贴切、精简与绝妙的“比喻”常能给人以深刻的印象，还能增加语言的“吸引力”与“趣味性”。

在人际关系中，左右逢源的人一定是头脑机灵精明，所以才会得到别人的欣赏，让人输了也心服口服。

察言观色，随机应变

人们常说做事“要多个心眼”。光靠一个心眼的确应付不了周围的人和事，即使有两个、三个也不足以应付，在说话做事的时候，几个心眼要同时灵活工作。

多长几个心眼的意思其实就是告诉人们要学会察言观色，因为察言观色是人际交往的基本要求。不会察言观色就等于航海不知风向，胡乱转动舵柄，不会“察言观色”就是为人缺心眼，不懂得揣摩对方的心思。

一个人的直觉虽然很敏感，但也会轻易受到蒙蔽，善于推理和判断才是察言观色的顶级要求。语言表现一个人的品格，表情眼神能反映一个人的内心，就连衣着、坐姿、手势也会不知不觉地向人诉说其主人的性情。

正因为人的言谈举止能够表现一个人的性格、品质、地位乃至内心情绪，所以，听弦外之音就成为“察言”的关键。

如果把察言观色比作看天气的话，那么，观察一个人的脸色就应该像“看云识天气”一样，也是一门高深的学问，因为不是所有人、在所有场合都能够把心情写在脸上的，有些人往往是“笑在脸上，哭在心里”——表里不一。

来看生活中的一个例子：一天，3岁多的儿子突然问母亲：“妈妈，撒谎的孩子会被狼吃掉吗?”望着儿子天真的脸，母亲不知该如何回答，因为如果答案是肯定的，那么等孩子长大以后就会觉得母亲在撒谎；但如果答案是否定的话，那孩子以后就很有可能学会撒谎、欺骗。

无计可施的母亲经过片刻沉默之后，模糊地回答说：“如果孩子不撒谎，就不会被狼吃。”但儿子想要得到明确的回答，仍然不依不饶地问：“那撒谎的孩子会被狼吃掉吗？”

于是，母亲就反过来问他：“你怎么会这样问呢？”

孩子答道：“爷爷说，撒谎的孩子会被狼吃掉的。”这时，母亲就想：儿子肯定是因为撒谎而被爷爷揭穿，爷爷为了教育他，所以才会这样说。儿子因为对爷爷说的话恐惧，但也有点怀疑——因为，他撒谎了，却没被狼吃掉，但他还是有点害怕，所以想从母亲这里得到真正的答案。

想了一会儿，母亲就问儿子：“那你认为呢？”

“不会……”

每个人其实都不喜欢撒谎。因为，撒谎就意味着欺骗，但是，许多成人却好像已经习惯了撒谎，就像一日三餐一样正常。那是因为成人会察言观色、看人说话，知道怎样说话才能让他人高兴，知道怎样说话才对自己好，并且把其作为语言艺术。所以，一旦成人，就要学会见风使舵，只有明确了方向，才会掌好舵、摆好船。

曾有一个举人，十年寒窗，三科后又参加了候选，谋得个山东某县县令的职位。第一次上任就去拜见上司，但却不知道该说些什么。沉默了一会儿，其问道：“大人尊姓？”听了这话，上司很吃惊，但还是勉勉强强回答了。低头想了很久，县令又说：“大人的姓，百家姓中竟没有。”上司更加惊异了，说：“您不知道我是旗人吗？”县令站起来，又说：“那大人是哪一旗？”上司说：“正红旗。”县令接下去又说：“大家都说正黄旗最好，大人怎么不是正黄旗呢？”上司大怒，就反唇相讥：“那贵县在哪一省？”县令说：“广西。”上司说：“人说广东最好，你为什么不在广东啊？”县令听了，大吃一惊，这才发现上司怒火冲冲，于是赶快灰溜溜地离开了。第二天，上司令他回到原来的地方，在学校任职。归根结底，这都是不会察言观色惹的祸。

如果我们真的能够在交际中学会察言观色、随机应变，那也是一种本领，而且是一种可以在实践中加以很好应用的本领。

因此，在“说”与“不说”之间需要极大的智慧和勇气，能够让自己适时说出一句“得体的话”，能及时打住一句“不该说的话”，并且时时提醒自己，说话应当厚道、要有口德。

语言是不可缺少的交流工具，人类利用语言交换信息、增进了解、建立共识并传承文化。说话人人都会，不过有些人说话大家听了欢喜，进而有所启发，而有些人一开口就让人不屑再问。所以，一个愿意沟通、热心真诚的人，其人生价值观比较和谐、理性、积极，成功的机会也较一般人高。

话多不如话少，话少不如话好。自古以来，中国人就非常重视谨慎说话的名言，如“吉人之辞寡，躁人之辞多”“丧家亡身，言语占八分”……但是，许多人仍然有“话多”的毛病，啰啰嗦嗦，令人厌恶。有人说：“愈少思考的人，说话愈多”，这话很有道理。智能深广的佛陀早在3000多年前就教导众生首先要确立正知正见，继而要有正思维，再进一步就是有正语，还要远离“口四过”——两舌、恶口、妄言、绮语，且要说诚实语、质直语、柔软语和合语。能行正语，口业即清净，不论是诵经、持咒还是说法，听者都会对你十分恭敬。

大圣人孔子说：“言未及之而言，谓之躁；言及之而不言，谓之隐；未见颜色而言，谓之瞽。”就是告诉我们，在说话的时候除了要拿捏好时机外，还要学会察言观色。该说时，一定要说；不该说时，就要闭口不言。

“横眉冷对千夫指”的鲁迅先生在这方面就有很多著名描述，像“白眼看鸡虫”之类，对那些不地道的人，最高的轻蔑就是无言，看都不要看一眼。不屑一顾、懒得一看，连眼光都吝啬，这才是做人的真正气概、真的风骨。

晋代竹林七贤中的阮籍就以独特的眼色而著名。阮籍“傲然独行，任性不羁”。据史书记载，他“能为青白眼”。见礼俗之士，以白眼对之。就连对友人嵇康的哥哥嵇喜也不例外，“喜不择而退”。其对同道之人，则以青眼对之。以至于画家顾恺之为他画像时，从不画眼睛。像阮籍那样爱憎分明、不加掩饰地将爱恨形之于色的人，的确够任性、够狂傲，也真正反映了魏晋人士那种洒脱的气概、桀骜的精神。

关于眼色，还有很多精彩的语句，如“眼光冷得叫人一抖”“眼色像刀子一样”，这些都是鄙视、憎恨、仇恨、义愤的情绪写照；“目光中充满了天使般的微笑”“目光像太阳一般”，这些则是平和、慈祥、温暖、善良的心理的表现；“目光如电”“目光如炬”等表达的则是高瞻远瞩、远见卓识；而“目光如豆”“目光如鼠”形容的则是那些见识短浅、能力低下的人。

对于那些配合默契的人，即使互相使个眼色彼此也能心领神会。递眼色的动作，机智而聪明的人常常能够理解。只要察言观色，便会心知肚明，冷静的人对这些往往会了然于胸。

在日常生活中，很多人的眼睛只会向上看，整天额角朝天，其实，他们是在看别人的眼色行事。这些人无论是说话还是办事，只会看上司的眼色行事，疑神疑鬼，拿别人的眼色当令箭，唯恐上司有意见，而且没事就在那里胡思乱想。《镜花缘》中有这么一段：一富翁带一小厮去访客。小厮在富翁后面走，富翁不高兴：“我是你主人，又不是你的马仔，为何我要在你前面？”于是，小厮赶忙抢到前面，但没走几步，富翁又大怒：“我又不是你的跟班，你为何走在我前边？”于是，小厮慌忙退后，与主人并行，没几步，富翁再怒：“你又不是我的同辈，为何与我并肩而行？”此小厮本是看眼色行事的高手，但这次却左右为难、无计可施。所以说，看眼色行事也着实不简单。

在现代生活中，我们知道，通过眼色了解事物是非常必要的，例如同仁共事、生意谈判、情人相会……这些都需要察言观色的本领，而且有时候还需要听“弦外之音”的本领来加以补充。

从前，有一个穷人已病入膏肓，医生说他没有几日光景了。病人就向众神祈祷，如果病好能下床的话，一定会设百牛祭来还愿。当时，妻子正站在旁边，听他这么说，便不由得言道：“你从哪儿弄一大笔钱还愿呀?”他说：“你以为神是为了向我要这些东西才让我病好下床的吗?”

这则故事告诉我们：有些事情其实人们根本不想做，或者根本就做不到，但往往很容易就会答应，人很多时候会心口不一。所以，察言也是一门高深学问。人的思想经常会在口头上不知不觉流露出来，所以，在与别人交谈时，只要你留心，就可以从别人的话里窥视到其内心世界。眼是心灵的窗户，透过“眼神”能识得人心。

下面来看一则古希腊神话古诗：人们若被怪物三姐妹中的美杜莎看上一眼，就会变成石头，其实，这是神化了的眼神威力。

在医学家看来，人的五种感觉器官中眼睛是最敏锐的，大概占感觉的70%以上份额，所以被称作“五官之王”。孟子曾说：“存之人者，莫良于眸子，眸不能掩其恶。胸中正，则眸子眊，胸中不正，则眸子眊。”简言之，就是说眼睛流露真心是很常见的，“眼睛是心灵的窗户”。眼睛能告诉别人你的心思，所以在人际交往中察言观色相当重要。

宝钗是《红楼梦》里的主要人物，她也是察言观色的典型代表，为人处事八面玲珑，她讨好贾母和王夫人，击垮情敌林黛玉，最终夺得了贾府少奶奶的位子。在王跃文的《国画》中，朱怀镜精于官场法则，哄上级，骗老婆，戏弄商人，为人处世如鱼得水，把自己的灵魂掩藏在权力和利益中，活得滋润，却也极艰难。

在权力面前，灵魂一般都会穿上衣服，把真实的自己掩盖起来。

在封建社会，说话其实没多大用处。因为社会臣民根本没机会说，而皇帝却无论说什么都是正确的，那些虚与委蛇的臣子只会说皇上圣明等假话。实在点的即使想说真话，还得先请示：“臣有句话，不知当不当讲”。皇上只有言明“但说无妨，赦你无罪”的时候，臣子才敢战战兢兢地说出来。如果忤逆了龙心，则不会有什么好结果。能够听得进忠言逆耳的皇帝并不多，唐太宗与魏征只是史家列举的圣君贤臣的榜样，可惜像这样的皇帝臣子少得可怜，即使是魏征，也有许多次差点掉了脑袋。

虽说现代社会是民主社会，但领导的尊严总还是要维护的，领导的话就是命令，不按领导的意思办事就会吃亏。所以，身在官场，如果不会察言观色、揣摩领导心思，即使在仕途上再努力，你也不会有多大的升迁机会。

实话巧说，讲究技巧

说话就像一把双刃剑，说得恰到好处，可以成就你；说得不合时宜，就会毁灭你。人每天都会说话，就在福与祸的夹缝中挥舞着说话这把双刃剑，努力地生活着。那些聪明的智者能深谙他人话语之深意，谨言慎行、从容自若，造就美好人生；而那些愚笨的人，却斤斤计较、祸从口出，搬起石头砸自己的脚。

语言就像魔术，同样的意思，换一个角度就会产生其他结果，概因为有些词的意思虽然相同，但词语感情色彩却不一样。所以，在说话时要尽量选择那些最能表达自己感情的词。不妨先从与之相关联的事情入手，再自然而然地说出自己想要说的话。

在一次宴会上，某位欧洲资本家问著名作家海明威："最好的写作方法是什么?"海明威答："从左往右写。"对一位对写作一窍不通的资本家来说，要让他理解写作的内涵是不可能的，所以海明威故意"牛头不对马嘴"，不仅巧妙地回避了这个很难回答的问题，而且暗讽、戏谑了对方的无知。而且，这种"有心之错"还使自己化被动为主动，使对方陷入到了窘迫的境地。

在20世纪60年代的一次记者招待会上，有位西方记者突然向当时的外交部长陈毅提问："听说最近中国打下了美国U—2型高空侦察机。请问，你们是用什么打的，是导弹吗?"一般来说，对于这种涉及国家军事秘密的尖刻问题，完全可以用"无可奉告"这一外交辞令来一语搪塞，但一向直言快语的陈毅却没有这么做。只见他举起双手在空中做了一个"捅"的动作，回答道："我们是用竹竿把它捅下来的！”在这种场合，这“错”得出奇的回答，既没有泄密国家机要，又未令对方感到尴尬，而且柔中带刚、幽默风趣，同时还活跃了当时的气氛，真可谓一箭三雕。

要想让自己的话让人容易接受，有时还需要巧包装。巧嘴说巧话，这确实是一个独特的说话本领与口才艺术。

曾在某药房看到过这样的景象：一位中年男子龇牙咧嘴地用手捂着脸上牙痛的部位，正在询问营业员是否有止疼的速效药。营业员找出了一种药，然后告诉那位男士说这是癌症和术后患者用来止疼的特效药，还一再强调止疼效果不错。这位男士听后勃然大怒：“我是牙疼，又不是癌痛，有你这么卖药的吗？”男士说完，愤然离开了。

一句话能说得让人跳，一句话能说得让人笑。同样的意思，表达的方式不同，结果也就不一样。说话不仅要分场合、看对象，还要掌握分寸，最重要的是还得懂得说话的艺术，并能够娴熟地加以运用。

牙疼的男士为什么对营业员不满意呢？其原因还是在于营业员的说话方法，这位男士只是牙痛，但营业员拿出来药以后却反复强调说是疗癌特效药，让人很反感。人们经常说：“牙疼不算病，疼起来要了命”。营业员也许深知那位男士牙疼的痛苦，出于好意就说这药既然治疗癌痛都有效，那牙疼就更不用说了。然而，她却没体会到饱受牙疼折磨的人烦躁、易怒、需要理解与安慰的心情。对待病人，要体现出人文关怀，这就需要学会“实话”巧说。

一般而言，“实话实说”很好，但有时“实话巧说”的效果会更好。一次，英国诗人拜伦看到一位盲人身上挂着块“自幼失明，望君怜恤”的牌子在街上向路人乞讨，可他面前的碗却空空如也。一时兴起的拜伦就挥笔改为“春天来了，我却看不见。”很快，路人便纷纷解囊。正是拜伦的“实话巧说”唤起了路人的同情心，以致出现了大相径庭的结果。

在日常生活中，有些话如果直接说出来会令人十分尴尬，还可能遭到对方的拒绝。遇到这种情况，大家可以用含蓄的语言，把自己的意思间接、委婉地说出来。这样，不但幽默风趣，还能轻易达到目的。

俄国杰出的心理学家巴甫洛夫直到32岁时才结婚。就像他杰出的研究成果一样，他求婚的方式也与众不同。

1880年的最后一天，彼得堡市议会大厦的钟已经敲了11下，巴甫洛夫却还闷在心理学实验室。朋友们都在他家等他，当时还下着雪。这时，一个同学不耐烦地说："巴甫洛夫真奇怪。他毕业了，还拿过金牌，按理说，完全可以挂牌做医生，既赚钱又省力，可他为什么偏偏要当一名吃力不讨好的实验员呢？人生在世很短暂，大家应该享享福、快活快活才对呀。"大家不断议论着。

在这些同学中间，有一个教育系的女学生叫赛拉非玛。听了那个同学的话后，她马上站起来说："那是你一点也不了解他。生命是短促的，但正因如此，巴甫洛夫才会争分夺秒地工作。他经常跟我说，在这个世界上我们只能活一次，所以要加倍珍惜时间，让自己的人生真实而有价值。"这位名叫赛拉非玛的女同学就这样为他辩解着。

夜色渐深，同学们都陆续离去，而那个名叫赛拉非玛的女生却仍在那里等着。到后来，就干脆到实验室门口去等了。

钟声响了12下，1881年的元旦到了，巴甫洛夫这才从实验室出来。当他看到赛拉非玛还在那里等他的时候，非常感动，当即挽起她的手在雪地上慢慢走着。突然，巴甫洛夫一把按住赛拉非玛的脉搏说："你有一颗健康的心脏，所以脉搏跳得很快。"赛拉非玛不解地问道："什么意思？"

巴甫洛夫回答："你的心脏要是不好的话，就无法做科学家的妻子了。因为科学家把所有的时间和精力都放在研究上，收入不多，还没空帮忙做家务。所以，科学家的妻子一定要健康，这样才能吃苦耐劳、应付得了琐碎、繁重的家务。"

聪明的赛拉非玛当即会意，说："你说得对，我将来一定会做个好妻子。"

巴甫洛夫的求婚成功了。就在同一年，他们登记结婚了。

巴甫洛夫如果不是用这样的方式求婚，而是直接说出来的话，也许赛拉非玛会很羞涩。但是他这样说的话，不但幽默，而且轻易就达到了自己的目的。

以人为本，营造氛围

人生的很多道理都是相通的，古人常说："人之力发自于心，心旺则事盛。"人心的力量有多大呢？我国古人对此曾有过不少著名的观点，如"得人心者得天下""人心齐泰山移"等等，这些话都在强调人心力量的强大。

在市场经济的大背景下，得人心者得市场。"以人为本"应成为企业文化的核心，意思就是说，在经营中，企业必须得人心，不仅要得本企业员工之心，还应抓住消费者的心。

无论是生活还是工作，都需要有人，而得人者最重要的是能够得人心，就像"得人心者得市场"的说法一样，这也是交往文化的核心之所在。

当外国人看到中国文字的时候，会说：中国文字实在是太有意思了，不知道大家注意过企业中的"企"字没有，上面一个人字，下面一个止字，如果去了上面的人而只剩下面的话，企业就变成"止业"了。意思就是说，企业是由人组成的，没有人，企业当然就只有"止业"的份儿了。这也许是一种偶然，但的确值得我们思考。

管理者怎样才能够治理好一家企业呢？这是一个值得大家深思的"研究课题"。有的人会研究，就能治理得很好；而有的人不会研究，也就治理得很差。要想治理好一家企业，就必须广纳人才，古代燕昭王黄金台招贤便是这方面的典型。

据《战国策？燕策》记载：燕君燕昭王（公元前 311 ~ 公元前 279 年）一心想广纳人才，但很多人认为燕昭王仅仅是叶公好龙，不是真的渴望贤人。所以，燕昭王始终找不到治国安邦的人才，整天苦苦思索、闷闷不乐。

在得知了这件事以后，智者郭隗给燕昭王讲了一个故事：以前有一个国君，他愿意出上千两黄金购买一匹千里马。但经过三年时间，他却始终一无所获。又过去了三个月，他终于找到一匹千里马，而当他派手下带着大量黄金去购买的时候，千里马却已经死了。被派去买马的人就用五百两黄金把死去的千里马买回来了。国君很生气，骂道："我要的是活马，你怎么花这么多钱弄一匹死马回来呢，你们是怎么办事的？"

这时，一位手下就对他说："你既然舍得花五百两黄金买一匹死马，更何况是活马呢？我们这一举动必然会促使天下人争相提供活的千里马。"果不出所料，很快就有人送来了三匹千里马。

接下来，郭隗又说："您要集中人才，首先应从招纳郭隗开始。像我这种才疏学浅的人都能被您看重，何况那些比我本事更大的人呢？您放心，很快就会有贤士千里迢迢赶来的。"

燕昭王听到这里，不仅立刻采用了郭槐的建议，还拜郭槐为师，为他建造了宫殿。没多久，就出现了"士争凑燕"的局面。在投奔而来的贤士中，有齐国阴阳家邹衍，有赵国游说家剧辛，还有魏国军事家乐毅等，落后的燕国一下子变得人才济济。从此，燕国由一个内乱外祸、满目疮痍的弱国逐渐变得强大起来。接着，燕昭王又兴兵向齐国复仇，将对方打得只剩下两座小城才罢休。

我们每当回顾起中国百年来没落的原因时，都会想到封建文化对经济发展的影响。的确，落后的思想文化是阻碍了中国资本主义民族经济的发展。文化的落后导致制度的落后，而制度的落后还具体体现为政治体制、经济体制对人性的压抑和摧残，也限制了国力的强大。

纵览中国历史，虽然也不乏有人主张"民贵君轻，以民为本"，但那只不过是少数人美好而不现实的理想而已，统治阶级总是会以维护自己的利益为前提进行统治的，"为官者重，为民者轻"。官场里虽然也出现过像陆象山、王阳明等一些衣食父母官，他们把人民放在心中很重要的位置，但是，由于中国封建社会及半封建半殖民地社会性质的局限，在各种统治方法里，心学始终没有占据上风，人心的力量还是抵不过为官者的阶级利益。

近代伟大的革命家、导师孙中山先生，在总结自己多年的革命斗争经验时说："夫国者人之积也，人者心之器也，而国事者一人群心理之现象也。是故政治之隆污，系乎人心之振靡。吾心信其可行，则移山填海之难，终有成功之日；吾心信其不可行，则反掌折枝之易，亦无收效之期也。"这段精辟的论述通过对国事、政治现象的仔细分析，告诉大家人心才是革命力量的基础、是革命胜利的保证，在此基础上，他还进一步得出"物质力量小，精神力量大，革命之所以能成功，精神能力居其九，物质能力仅占其一"的结论，把精神力量的作用提到很高的位置上。

所以，人心不容忽视。管理一个国家，与管理一个企业没有太大区别，只不过与国家相比，企业是一个小集体而已，人心是国事的源头，那企业的动力源头是什么呢？答案就是：企业员工的人心才是企业的动力之源。优秀企业文化的建设，就是要用先进的理念管理好员工的心，使大家的劲往一处使、心往一处想。以前，在形容集体与个人的关系时，我们常说"大河有水小河满，大河无水小河干"。现在，由于时代的发展，我们不得不改变那种"大锅饭"的思维方式，而应变为"小河有水大河满，小河无水大河干"，因为在大自然中，从来都是千万溪水汇成大江大河，大江大河由小溪汇聚而成。如果没有小河为大河提供充足的水源，大河干涸是早晚的事。

在企业中，如果大家的心都往一处使，化成一眼涌流不息的泉水，每个部门都能成为汇聚大江大河的小溪，那么企业这条大河将永远浪花滚滚。可怎样才能使员工的心凝聚起来，化成涌流不息的泉水呢？要想达到这个目的，企业只有建立起"以人为本"的优秀企业文化。

综上所述，我们不难发现，不管是国家还是企业，要想真正实现“以人为本”，是需要条件的，那就是必须实现政治的、经济的市场调节。只有这样，“以人为本”才能得到充分的认识和贯彻。自从改革开放以来，我们国家通过转变观念、改革体制，使社会主义市场经济得到长足、迅速的发展，为建设“以人为本”的企业文化提供了良好的社会环境。在建设企业文化的过程中，企业必须做到“以人为本”，充分认识到人心力量的强大。只有做到这些，管理者和被管理者才会树立起强烈的企业自尊心与自信心，充分挖掘、利用人心的力量，使企业有商业界之浩然正气，行服务社会之义举，才能形成优秀的企业文化。

众多事实反复证明，企业只有建设好优秀的企业文化，才能打造一支拖不垮、战无不胜、打不败的员工队伍。对企业来说，这支用优秀企业文化武装起来的工作队伍才是真正的核心力量。

凡事都要以人为本，这个说法对管理同样适用。一个领导要想有所作为，就必须善于识别和任用人才，只有唯才是用、唯贤是举，才能在激烈的社会竞争中立于不败之地。

人们常说，“千军易得，一将难求”。每个人不可能都像燕昭王一样筑“黄金台”，但是，我们可以求贤若渴，设“招贤台”，广纳贤才。人才就是效率，就是财富，得人才者，得天下；失人才者，失天下！

与我同一个办公室的小王平时非常受大家欢迎。他办事灵活、八面玲珑，大家也都愿意接近他，他经常挂在嘴边的那句“还不错嘛”的口头禅，在竞争激烈的职场中有股化腐朽为神奇的力量。一天，同事李大姐急急忙忙地冲进办公室后就丢下包一屁股坐下了，边拿考勤卡扇风边抱怨说：“活了这么大，还没见过这么肉的司机，跟平时相比，今天我都提前5分钟出门了，结果那个笨蛋司机，走到哪儿，哪儿都是红灯，害得我一下车就猛跑，8点58分才打的卡，太悬了！”“还不错嘛！”小王又冒出了那句口头禅，“还不错，按时到了啊，那位司机真会为你计算时间呢，现在不还有两分钟吗!”一句话说得李大姐哈哈大笑了起来，“嗯，就当是跑步减肥好了。”

“还不错嘛”这句话，小王一天可能要说很多次，高兴的事，那就是锦上添花；烦心的事，那就是雪中送炭。怪不得同事们都说，小王就像“开心果”，总能在沉闷的时候给大家带来几许幽默的乐子!

在工作中，要像小王一样八面玲珑很不容易，而他的那句凡事乐观的口头禅也给他带来了很多益处。

“烦死了”“有没有搞错”“真没劲”……在生活中，经常会听到诸如此类抱怨的话。只是，有的表现得比较主观、积极，有的则委婉、谦虚。其实，一个人的口头禅很多时候能体现一个人的内心活动，口头禅是人内心中对某一事物的想法，是经过内心的心理加工以后，外界信息在内心形成的语言反应，所以一旦遇到类似情况时就会脱口而出。

口头禅反映了一个人的内心世界，同时还能反映一个人的性格。通过口头禅，可以使我们认识、了解一个人。通过分析一个人的口头禅，我们可以了解他的心理，在此基础上熟悉他的性格和为人。

在企业中，领导掌握方向盘，就像一名司机。领导当得出色的人，就相当于技术熟练、经验丰富的老司机，不论是在平坦无阻的高速公路上还是在崎岖不平的羊肠小道上，不论是明媚的艳阳天还是大雾弥漫、雨雪纷飞，都能够正确地把握前进的方向，以最快的速度向着目的地前进。只有这样，企业的大车才能跑得快、跑得稳。

一位老司机曾对我说，司机也分层次，第一层是人随车走，这是刚学开车的新司机；第二层是车随人走，这是驾龄起码在三年以上的普通司机；第三层是人车合一，人和车互相呼应、不分彼此，配合得非常默契，车跟人就像一个整体，这是当司机的最高境界，没有多年经验的积累是达不到该境界的。当领导也是如此，开始时生疏，领导跟着群众走，根据群众的要求行事；后来慢慢经验丰富了，群众就会听从领导的指挥，执行领导的命令；最后，当官多年就成“精”了，使企业员工劲往一处使、心往一处想，齐心协力，这时的领导就成为真正的高级司机，无论在哪儿都能够行驶自如。

不出车的时候，司机自然会认真地对车辆进行仔细的维护和良好的保养，这样才能使车辆在行驶过程中不会出现意外。领导既然像高级司机，那么，对他们而言，车辆维护和保养也是一门必修课。一定得学会收买人心、笼络人心并利用人心，使企业具有极强的向心力和凝聚力。所以，人心很重要，如果不得人心，就会孤立无援，所以人们才经常说：失人者，失天下；得人者，得天下。

巧妙恭维，不露痕迹

搞好人际关系的调和剂之一：恭维。要博得人心，就要了解别人，适当恭维别人。不管是谁，都爱听别人恭维自己，因为这是人的一种本性，古今中外很多历史人物的言行也证明了此点。尤其是中国人都很爱面子，很少有人能在恭维面前不为之所动。有些人表面对恭维嗤之以鼻，自认为能虚心接受批评，但实际上要是你把批评的矛头对准他，他心里定会对你恼怒不已，以前亲近的感情也会随之降低三分。由此，会说且善于说恭维话，是做人处事的基本要素，也是一个人聪明的外在体现。

会说恭维话是事业成功发达的关键因素。可在运用的时候，只有掌握好分寸，才能帮助你赢得人心。换句话说，也就是在与人交谈中，说恭维话要注意场合、对象及恭维的内容，敷衍了事、不着边际的恭维是绝对不可取的。假设恭维者自以为口才过人，而受恭维者如坠云雾、不知所云，就会取得相反的效果。由此，说恭维话时必定要发自肺腑、充满真诚，使人越听越舒服，如此，恭维者才能达到交际的目标。

美国著名教育家戴尔？卡耐基认为，运用恭维话的时候必须要合理使用、正确选择，千万不可滥用。在卡耐基的记忆里，就有着一段让他恐惧的历史，那就是他离开剧团之后去当二流推销员时的经历。当时，要是没有工作，随时都有可能饿死。由此，卡耐基不得不到派克尔德货车专柜当二流的推销员。当时，他的推销成绩很不好，对于发动机、车油与部件设计之类的机械知识，卡耐基一点兴趣都没有，所以他不能了解自己推销产品的性质。当有顾客莅临的时候，卡耐基会走上前向他们推销货车，可其说话时通常连货车的边儿都沾不上，顾客都以为他是个疯子，很奇怪这里的老板为何会雇一个疯子来卖货车。每当此时，他的老板都会非常气愤地走来，对着他大吼道："戴尔，你是在这儿卖货车还是在发表演说？我警告你，要是明天再卖不出去东西，我就让你滚蛋。"

此时，卡耐基的心里也十分着急，要知道，每天的伙食费还得从老板那儿拿呢。他立刻说："老板，为了能够吃上面包，我会好好工作的。并且，你瞧，看天气，明天你的生意一定会一帆风顺。"老板被卡耐基恭维得很舒服，这才消了气。那时，卡耐基为了生存，自然费了许多功夫，第二天时来运转，居然卖出了一个汽车引擎。这时，老板认为卡耐基是个可造之才，所以解雇他的事也就再未提起。当时，卡耐基就是正确运用了恭维术，让他奇迹般在那里继续工作，并很好地生存了下来。

须知，在恭维别人的时候，话也要说得恰当、得体，并且还要表现出诚恳的态度，以至于还应注意观察谈话对象的个性喜好等，如此才能让对方有"深得我心"之感。国画大师张大千先生经常被人邀请出席各种活动，每次都会有人赞美他的胡子很漂亮，张大千则不以为然。记得有一次，在一个欢迎会上，大家又在讨论他的胡子，还相继说了很多恭维话。张大千听了不动声色，等大家说完后，他就讲了一个故事：

三国时，关公、张飞相继去世，孔明六出祁山，想要在大将中选一人担任先锋。可是要选谁呢？张飞的儿子张苞说道："末将愿往。"关公的儿子关兴也说："末将愿往。"二人相持不下。此时，孔明说：

“你二人都是将门之后，谁能把父亲的盖世武功说得好，就让谁来担任先锋。”张苞说：“我父手持丈八点钢矛，喝断霸王桥，智擒黄忠，义释严颜，在百万军中取上将首级如探囊取物。我家教有方，今日先锋，非我谁能?”这时轮到关公的儿子说话了，由于他口吃，讲了半天，只是“我，我……我的父亲……胡子很长。”此时关公在云端里大喝一声：“小子，当初你老子手提青龙偃月刀，诛颜良，斩文丑，过五关，斩六将，上马一提金，下马一提银……你不说，只会说老子的胡子很长。”

等张大千讲完这个故事后，众皆愕然。这个故事告诉我们，恭维的话不能说得巧妙、说得不得体，会使人不爱听，也会让事情弄巧成拙。

清朝在刊印二十四史的时候，乾隆给予了很大重视，时常亲自校核，每校出一个差错来，都觉得是十分了不起的事，心中很是高兴。

和珅与大臣们为了讨好乾隆，就充分满足他的这种心理需求，在抄写给乾隆看的书稿里，在明显处故意抄错几个字，以便让乾隆校正。这是一个奇妙的方式，这样做可以显示出乾隆的学问深，并且比当面奉承他学问深更能达到理想作用。经过乾隆修改过的书稿他人都不能再动了，可他也有改不到的地方，所以，这些错误就传了下来，如今见到的殿版书里常有错误，很多都是由于这个原因造成的。

和珅一生工于心计、头脑灵活，善于捕捉乾隆的好恶，总是用恰当的方法博得乾隆的欢心。他还对乾隆的性情喜好、生活习惯进行细心观察与深入的研究，尤其是对乾隆的脾气、爱憎更是了如指掌。常常是乾隆想要什么，不等他开口和珅就能想到。有的地方乾隆未考虑周全，他也能安排得很好，由此，他在乾隆面前十分得宠。

从某种意义上而言，和珅这种恭维的“拍马屁”功夫在两点：一是知己知彼，每拍即中；二是使对方浑然不觉却全身舒坦。这是由于他做得不着痕迹、无声无息。

要是一个人的学识、机智、地位等方面到了一定水准，恭维话就可大讲特讲、有声有色。这时已不能称为“马屁”了，而叫作谦和。其次，恭维话也要准确说出口，要不就会有适得其反的效果。有“需要”就有“供给”，这是很自然的现象，而“需要者”在感到满足后，给予“供给者”的回馈更是人之常情。由此，就产生了恭维话。恭维他人要讲学问，只有说得好、说得准才能赢得更大的“回馈”。

齐威王的夫人去世后，在后宫内同时有十个宫女得到了齐威王的喜爱。此时，孟尝君很想确切地知道齐威王究竟想立哪一个当夫人。孟尝君之所以要弄清楚这件事，是由于他想推荐一个齐威王心中最喜爱的人，还劝齐威王立这个人为夫人，通过这样的方式来讨好齐威王，而他又怕推荐不好而把马屁拍到马蹄上。后来孟尝君想了一个办法，他精心制作了十副精美的耳环。在这十副耳环里，只有一副与众不同，接着他装作若无其事的样子将它们献给了齐威王。齐威王立刻把这些耳环分给了十个宫女。次日，孟尝君就找到那个戴着最精美耳环的宫女去见齐威王，并向孟尝君推荐这位宫女为继任的夫人，果然正好和齐威王想的一致。

在这里，我们能够推断出，假设孟尝君没有明白楚齐威王心里的真实想法，恭维话没说到点子上，就可能会碰一鼻子灰。

在现实生活里，要是你了解到某经理毕业于一所一流大学，接着刻意地讨好他，“XX 大学真是所名校。培养了很多社会的政要及精英，像某位局长与某位博士都是从那里走出来的。”可是对方却毫不领情，冷冷地说：“是啊！我就是其中唯一没有成就的人。”这下子岂不是把马屁拍到马蹄上了?！要是你讨好地说：“只有 XX 大学才会培养出一流的人才。”按说这句话是没问题的，谁知对方回答：“是啊！只可惜我孩子读的是三流大学，看来是没有指望了!”这岂不是又不合人意了。俗话说："矮子面前莫说短话"，他人有生理上的缺陷，或是遭遇家庭不幸，或是在为人处事方面有缺陷，心里已经很痛苦了，就不能再雪上加霜。碰到这些情况都要加以避讳。万不可"哪壶不开提哪壶"，否则伤害了他人不说，他人也不会轻易放过你，到头来只能是两败俱伤。由此，你要学会小心说话，不犯人忌，不要把马屁拍到马蹄上去。

人的智慧，经常体现在"口"上的功夫，使用恰当，它会让你开启成功之门。在日常生活中，恭维他人要具体、到位，对不同的人说不同的话，才可更好地表现出你为人处事方面的本领。

批评建议，含蓄委婉

批评是沟通中的特殊手段，是很有效地改正他人缺点的方式。当发现他人错误的时候，出于好心，要用“批评”来达到自己的目的。但即便你批评的目的是纯洁而无私的，也要尽量使用含蓄委婉的方法，照顾到对方的感情，以便利于其接受和及时改正。

有关批评要达到的目的，最习惯的解释就有以下多种：一是请别人对自己的书籍、文章加以批点评注，通过批评纠正可以发现存在的毛病；二是请别人对你或是对某事发表评论、评判，通过批评，可以让事情有所改进与提高；三：指出他人的缺点错误并提出相应的建议，这是人们最容易悟到的含义，也就是人们最容易理解的内容：提出缺点、挑剔毛病。学会批评技巧的人，不会用到贬义字，也不会用严厉的口气、刺激的词汇，更不会用太直白的话。聪明的人知道批评的时候顾及他人的面子，也知道语气要委婉，这么做才能达到更好的效果。

在日常生活中，我们经常可以看到一些迷路的小飞虫，从房间里打算到那海阔天空的地方去，因此拼命地飞向玻璃窗。当它撞到玻璃上的时候，在上面挣扎好久才会恢复神智。回来后它在房里绕上一圈，再鼓起勇气，依旧朝玻璃窗上飞去，自然还是“碰壁而回”。实际上，旁边的门是开着的，只是因为那边看起来没有这边亮，它就不想到那个门边试试看。有时我们为了达到目的，一定要换个方向，不可在一棵树上吊死。要不，你就只能永远在尝试和失败之间兜圈子，直到你完全铩羽而归为止。

如何批评他人才合适、才易于被接受呢？成功地批评别人的重点在于批评的态度。要是批评时只是一味地指责或告诉他你的看法，这样做除了得到厌恶与不满外，你什么也得不到。由于没有人喜欢被别人批评，如果你能以正确的态度与方式批评别人，将会赢得较大成功，以下几点能够使你在批评时达到较好效果：

（1）在批评别人的时候，一定要在单独相处时提出，不可对对方放声大叫，也不要让更多的人知道，要学会给对方留点面子，留给对方思考的时间。

（2）一次犯错，一次批评，不可将对方的缺点累积在一起算总账。

（3）在进行批评的时候，要对事不对人，也就是说应该批评他人所做的错误行为，而不要批评当事人。由于是行为本身应受到批评，而不是人本身，所以你绝不要在批评他人时说“你是个蠢才”“你为什么那么笨”“你有没有头脑啊”等伤人自尊的话。

（4）在批评对方的同时还要告诉他正确的方法，以及如何做才是正确的。这么样做会让批评产生积极的作用，结果会更好。

（5）要懂得在批评中谋求合作，而不是以命令的形式。事实表明，请求他人比你命令他人会获得更多的合作机遇，对他人用命令的口吻只是下下策。

（6）在批评别人前，一定要先肯定对方好的方面，稍稍地给对方一点赞扬，在创造了和谐气氛后再展开批评，也就是说“先礼后兵”。例如：“小强，你在工作中一直都很努力，表现也很积极，但是，我唯一不明白的一点就是……你能否给我详细解释一下？”如此，在指出对方的不足前适当给点鼓励，可以起到友好交流的作用。

（7）批评后要加以适当的鼓励、引导，以友好的方法来结束批评。批评者可以以这样的方法结束批评：“我们是同事、朋友，我们解决了所要解决的问题，让我们互相帮助，一起努力进步吧！”切记不要如此说：“对你的批评结束了，立刻去改正吧！”这是最关键的一点，同时也是批评的艺术。

在你明白了该怎样批评别人的时候，要无私无畏、大胆尝试，切记不要忘记以上原则。事实上，许多事情的解决都能够通过绕道而行来做到。学会兜圈子、绕道而行的人，往往是第一个登上高峰之人。

为了赢得目标，暂时绕道走一走和理想相背驰的路，有时正是智慧的体现。有百折不回的精神当然可敬，但是这里虽然望得见目标，可前面却是一片陡峭的山壁，在没有能够攀援的路径的时候，我们只要再换一个方向，绕道而行，便可见到柳暗花明。实际上，在人生旅途中很少有便捷的直达路径可走。我们要将目标放在背后，耐心地去做披荆斩棘、铺路修桥的基础性工作，在尝试许多条看起来非常晦暗无望的道路后，才可发现离目标的距离又近了一步。只有我们记住了方位，就算绕再多的圈，也是正确的，这是因为我们一直在朝着目标而努力。

几年前，美国华易电气公司碰到了一件很难处理的事——他们准备撤去乔治的部长职位。在电学方面，乔治能够算得上是一流人才。但是，他担任了会计部部长的时候却不能胜任工作。因为乔治是电学方面不可多得的人才，所以公司不希望让他离开，但还在目前这个职位上干下去也不合适。由此，公司特别给了他一个新头衔，担任华易公司顾问工程师一职，另派别人去担任会计部部长一职。

这让乔治感到很高兴，华易公司的主管人员也很满意。因为他们在平和的气氛里调动了高级职员的岗位，而在他们之间并未发生任何不愉快的事，正是因为他们保住了乔治的面子。

在这个例子里我们可知，顾全一个人的面子是非常重要的！可是在生活里，很多人却并没有注意到这个问题。有的人在批评别人时不留一丝余地，当着他人的面批评自己的员工，毫不顾及员工的感受。

使用你的智慧与耐心，做个聪明的人，就算是多绕几条道也值得。你能够暂时应付一下你所讨厌或是轻视的人，你能够暂时屈就你所不喜欢的职业，你能够暂时走进一个黑暗的涵洞，只要你时刻清楚这一切都只是手段，而不是你的终极目的，你不必灰心，更不必难过，用不着关心周围的人是如何批评或是嘲笑你的。

世界上真正的伟人，是不会只注意自己某方面的成就的。有这样一个真实的故事：

通过数百年的敌对与仇视后，土耳其人在1922年决定把希腊人驱逐出境。

土耳其总统凯末尔沉痛地向士兵们说：“你们的目的地，就是地中海。”就是这句话，引发了一场近代史上最激烈的战争。最终土耳其获胜，当希腊的两位将军向凯末尔请降的时候，沿途受到土耳其民众的辱骂与嘲笑。

但是凯末尔并没有以胜利者自居，没有表现出骄傲的姿态，他只是握着两位将军的手说：“两位请坐，你们一定感到很疲倦吧！”凯末尔谈过战争的情况之后，为能减少他们心理上的痛苦，接着又说：“战争就如同一场竞技比赛，有时高手也会遭遇失败。”

虽然凯末尔赢得了光荣的胜利，但是他依旧没有忘记一个关键原则，那就是考虑到对方的面子。

布朗是纽约一家木材公司的推销员，很多年来他都在与那些冷酷无情的木材审查员打交道，经常会发生口角，即便最后的结果总是他赢，但他所服务的公司却总是赔钱。因此，他改变了方法，不再和别人发生口角。最后的结果发生了很大变化，以下就是一段他亲身的经历：

一天，布朗正在上班，他办公室的电话铃响了，有人急躁不安地在电话中通知说，运给他们工厂的木材经检查不合格，他们已停止卸货，要布朗立刻把货从他们的货场运回去。原来，在木材卸下四分之一的时候，木材的审查员报告说这批木材性能低于标准的50%，因此他们拒绝接受木材。布朗接过电话后，立刻动身向那家工厂赶去，一路上他都在想着如何才能最好地应付这种局面。

要是这种情况发生在以前，他必定会找到判别木材档次的标准规格而据理力争。他会依据自己做过多年木材审查员的经验和知识，力图让对方相信这些木材达到了标准，而错的是对方。但是这次他并没有像以前那样做，他决定用新近学会的“说话”原则来处理此事。当布朗赶到场地时，看到对方的采购员与审查员表现出一副揶揄神态，还摆开了准备吵架的架势。布朗就走到卸了一部分木材的货车旁，询问了他们是否可以继续卸货，并了解了更深入的情况。布朗还让审查员像刚才那样，将要退的木材堆到一边，而把质量过关的木材堆到另一边。

看了一会儿现场情况，布朗才发现，对方审查得太严格，判错了标准。由于这种木材是白松，可审查员却不了解白松木，只对硬木很内行。而白松木又恰恰是布朗的专长。但是布朗一点也没有表示反对他的木材分类方法。布朗一边观察，一边问了几个问题。布朗提问时显得十分合作、友好，还告诉他说他们完全有权把不合格的木材挑出来。听他这样说，审查员也变得热情起来，双方间的紧张态势渐渐消除。同时，审查员改变了态度，终于承认自己对白松没有经验，准备对每一块木料进行重新审查，还虚心向布朗请教。

布朗以友好的方法，消除了对方审查员的误解，最终的结果是：对方接受了所有木材，布朗获得了全价的支票。从这则故事里，我们看得出婉言能让批评在轻松愉快的氛围中进行，达到“直言”所达不到的效果。

总而言之，批评时要用含蓄委婉的方式进行，要不你只会一无所得。聪明的人都知道把“硬”话“软”化，以达到自己的目标。

投其所好，沟通顺畅

著名学者 A · H_ 马德鲁曾经说过："人类有五种不同的欲望，当他满足了最低层的欲望之后，就会一级一级向上升高，非得要满足最高层的欲望，否则绝对不肯罢休。"

每个人都希望被他人尊敬和看重，明白了这种心理，你就可以巧妙地打动对方的心。

有位演员需要一两个短剧本，她希望一位很有名的作家能够为她执笔。而这位作家偏偏脾气很古怪，一般人的约稿经常被拒绝。

这位女学员打电话给作家的朋友，请教该怎样向他开口提出要求。

"你究竟打算请他写些什么短剧呀？"

"我希望他能替我写写男女别恋的事情，不过要有新的内容，不要以前的故事。"

"这样很好，他以前写过不少这类东西，你只需说知道他写过这些剧本，十分崇拜他就行了。"

过了两天，这位女演员给作家的朋友打电话，很高兴地说："他不等我提出要求，就答应替我写出两个短剧了。"

作家的朋友说："你一直在谈论他过去那些得意之作，是吗？"

"你猜得对，我主要是讲他的作品如何受人喜爱。"

在交际的过程中，只要投其所好便可以事半功倍。

迪巴诺公司是纽约著名的面包公司，但纽约的一家饭店却一直未向它订购过面包。四年来，迪巴诺每星期必去拜访大饭店经理一次，也参加他所举行的会议，甚至以客人的身份住进大饭店。可不论他是采取正面攻势还是旁敲侧击，这家大饭店都是丝毫不为所动。迪巴诺回忆说："我下定决心，不达目的决不罢休。我想我应该改变一下以前使用的策略，就开始调查他所感兴趣的事情。"

"不久，我发现他是美国饭店协会的会员，而且由于热心协会的事，还担任国家饭店协会的会长。凡协会召开的会议，不管在何地举行，他都一定乘飞机赶去。"

"第二天，我去拜访他时，就以协会为话题，果然引起了他的兴趣，他眼里发着光，和我谈了35分钟关于协会的事情，还说这个协会给他带来了无穷的乐趣。他还准备扩大内部组织，又极力邀请我参加。"

"我和他谈话时，丝毫未提及面包。几天后，饭店的采购部门来了一个电话，让我立刻把面包样品和价格表送去。我有些喜出望外，准备好了东西就赶往饭店。采购组长在谈正事之前，笑着对我说：'我真猜不透你使出了什么绝招，使我的老板那么赏识你。'我真是哭笑不得，想想我迪巴诺面包公司并非无名，我向他推销了那么多年面包，可连一粒面包渣都没有售出。如今仅是对他所关心的事表示关注而已，形势竟完全得到改观。如果我依然没有发现他所关心的事，恐怕现在仍是跟在他身后穷追不舍呢。"

心理学表明，情感引导行动。积极的情感，比如喜欢、愉悦、兴奋往往会产生理解、接纳、合作的行为效果；而消极的情感，如讨厌、憎恶、气愤等则会带来排斥和拒绝。那么，正如管理心理学所证明的："如果你想要人们相信你是对的，并按照你的意见行事，那就首先需要人们喜欢你。否则，你的尝试就会失败。"这表明，要使别人对你的态度从排斥、拒绝、漠然处之到对你产生兴趣并予以关注，就需要最大限度地引导、激发对方的积极情感。"投其所好"实际上就是一种引导和激发的过程。

光是谈话，有的时候你还不能摸透对方的心意。必须要一面聊，一面观察对方的态度，如此才能从中寻得蛛丝马迹，进而了解到对方的心理。至于如何观察，要点如下：

卡耐基认为，当你遇到有钱有势的人时，你应该设法让他说说往事。过去的工作是否比现在的更有趣，他爬到现在这个位置的关键是什么，谁是早年助他成功的人，当年的老板是否使他紧张，他的百万财富是不是自己创造的，以及他是怎样赚到自己的第一桶金的？如果这些问题问得他不大自在，你就应转换到其他问题上去。不要盯着问，那会令人不愉快。

倘若对方的眼神突然充满紧张，或故意将视线移往他处，双唇紧闭、用牙咬唇，脸部肌肉绷紧、呈现出激动的表情，那就表示对方心里极不平静。当出现以上情况时，你就应该细心了解个中原因，然后帮助他加以缓解。

当对方做出不断用手指敲桌子、抓头发、态度傲慢、坐立不安等异常举动时，你就要马上想到它和心理变化有所关联。然后，以此观察对方的态度。这样，你就可以从对方的举止中猜出其当时在想些什么了。

人是“感情的动物”，只要你能够设法满足对方的欲望，他的心就难免有所动摇。此时，你在交涉中的说服力就会大大提高；也就是说，你的“投其所好”已经巧妙地打动对方的心了，而你们的沟通也将不会再有阻碍。

第三章

行动要方，思维要圆

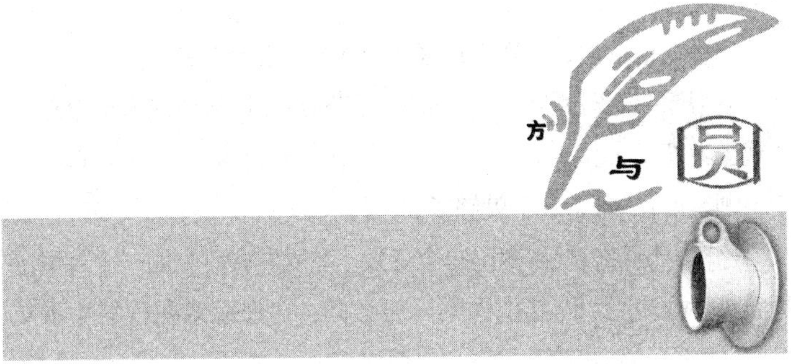

懂得圆才会找到捷径

懂得圆融的人是思路异常灵活的一群人，他们能够以敏锐的思维找到问题的症结之所在，寻找更好的方法来获得最佳的结果。所以，在追求目标的过程中，懂得圆融的人通常会比因循守旧的人更能找到做事的捷径，以较少的代价获得更大的成功。

彼得来这家快餐店工作的时间并不长，却很快拿到了最高薪金。对于这种“不公平”的分配，其他人都提出了异议。面对周围人的牢骚与不解，老板让他们站到一旁，看看彼得是如何完成服务工作的。

在冷饮柜台前，顾客走过来要一杯麦乳混合饮料。

彼得微笑着对顾客说：“先生，您愿意在饮料中加入一个还是两个鸡蛋呢?”

顾客说：“哦，一个就够了。”

这样，快餐店就多卖出一个鸡蛋，在麦乳饮料中加一个鸡蛋通常是要额外收钱的。而其他人则一般会问：“您愿意在饮料中加鸡蛋吗?”顾客一般会回答：“不用，谢谢。”

看完彼得的服务过程，其他人都恍然大悟。

彼得是一个懂得圆融处事的人，他的成功在于做事讲究方法和策略，让顾客无论怎样选择，他都至少会卖出一个鸡蛋。所以，他在销售上的成绩自然要比别人好很多。

圆融的人，往往能够很快地找到捷径。他们会突破思维定式，及时转换脑筋，以达到最好的效果。但是，他们的圆融并不是建立在没有道德约束的前提之下的，他们寻找到的捷径也势必是正当的，而非投机取巧、损害他人的利益。

一个年轻的经理带了些未完成的工作回家处理，为第二天的一个重要会议做准备。他五岁的儿子每隔几分钟就跑过去打断一下他的思路。

几次之后，他发现了一张有世界地图的晚报，于是就把地图拿过来撕成几片，让他的儿子把地图重拼起来。他以为这样能使那小家伙忙上一阵子，借此他便能全力完成工作。没想到三分钟后，儿子又跑过来兴奋地告诉他已经拼好了，这个经理十分吃惊，问儿子怎么能拼得这么快。小家伙说："图的背面有一个人，我只要把它翻过来，人拼好了，地图也就拼好了。"

按照经理的想法，拼一个地图是要费很长时间的，可是儿子因为懂得变通，换了一个角度，在很短的时间里就完成了任务。他的做法就是一种圆融之举。

圆融的精髓就在于用最小的代价换取最大的收益。要达到目的有时并不需要像老黄牛般努力，恰恰相反，走捷径在某些时候是最好的方法。

圆融的工作方法可以提高效率，善于用圆融变通的思路和方法去解决生活中的问题和困难，是一个人决胜的根本。

美国摩根财团的创始人摩根原来并不富有，夫妻二人靠卖蛋维持生计，但身高体壮的摩根卖蛋远不及瘦小的妻子。后来他终于弄明白了原委，原来他用手掌托着蛋叫卖时，由于手掌太大，人们眼睛的视觉误差害苦了摩根。他立即改变了卖蛋的方式：把蛋放在一个浅而小的托盘里，结果销售情况果然好转。摩根并未因此而满足。眼睛的视觉误差既然能够影响销售，那经营的学问就更大了，这激发了他对心理学、经营学、管理学等的研究和探讨，终于创建了摩根财团。

而日本东京的一个咖啡店老板则利用人的视觉对颜色产生的误差，减少了咖啡用量，增加了利润。他给 30 多位朋友每人 4 杯浓度完全相同的咖啡，但盛咖啡的杯子颜色分别为咖啡色、红色、青色和黄色。结果朋友们对完全相同的咖啡的评价不同，他们认为青色杯子中的咖啡“太淡”、黄色杯子中的咖啡“不浓，正好”、咖啡色杯子以及红色杯子中的咖啡“太浓”，而且认为红色杯子中的咖啡“太浓”的占90%。于是老板依据此结果，将其店中的杯子一律改为红色，既大大减少了咖啡用量，又给顾客留下了极好的印象。结果顾客越来越多，生意随之愈加红火。

取巧不是投机倒把，而是用最少的成本换取最大的收益，这就是变通的妙处之所在。

比别人更快、更吸引眼球、更投其所好……这些看起来不“老实”、不循常规的“小聪明”，其中却隐藏着变通的大智慧。善于在问题面前走捷径的人，一定能比只知拉车而不懂看路的人获取更大的成功。

得是方，舍是圆

南怀瑾先生讲到太极拳与道功的时候，叙述自己的一段经历。他年轻时曾经想去杭州城隍山跟一位老道学剑术。结果这个老道以南怀瑾先生底子不厚为由，让先生颇为难堪。先生当时立志学文兼习武，想经世济时，所以考虑再三，放弃了习武的念头，避免了心不专一导致一事无成的麻烦，一心学文，终成一代大家，真可谓“鱼与熊掌不可得兼”。事实上，生活一直在考验着我们如何善用理智平衡冲动的感情，又如何在理性与感性的制衡中有所取舍。南怀瑾先生一生贯通佛、道、儒三学，又有所偏重，可见他在舍与得、坚持与放弃之间找到了完美的契合点。人们常说“舍得”一词，却未必知道这两个字的禅意。舍得舍得，一舍一得，有所舍弃，才有所得到。舍与得，恰恰包含着人生方圆的大道理。

舍是圆，得是方。人们愿意获得，可是获得要在正确的道德的指引之下，不能因面对不良事物的诱惑而迷失方向。该得的要得，不该得的就要放弃，所以做人既要方正，又要圆融；既要懂得坚守自己应得的利益，又要能够放弃不该面对的诱惑。

这样的道理说起来容易，做起来却很难。在面对诱惑的时候，尽管理智会告诉自己放弃，可是很多人还是经不住诱惑，从而做出了错误的决定。

非洲土人抓狒狒有一大绝招：故意让躲在远处的狒狒看见，将其爱吃的食物放进一个口小腹大的洞中。等人走远，狒狒就欢蹦乱跳地跑来了，它将爪子伸进洞里，紧紧抓住食物，但由于洞口很小，它的爪子握成拳后就无法从洞中抽出来了，这时，猎人只需不慌不忙地来收获猎物，根本不用担心它会跑掉，因为狒狒舍不得那些可口的食物，越是惊慌和急躁，就将食物抓得越紧，爪子就越无法从洞中抽出。

听过这个故事的朋友都大呼“真妙”！此招妙就妙在人将自己的心理推及类人的动物。其实，狒狒们只要稍一撒手就可以溜之大吉，可它们偏偏不！在这一点上，说狒狒类人，亦可说人类狒狒。狒狒的举止大都是无意识的本能，而人如果像狒狒一般只见利而不见害地死不撒手，那只能怪他利令智昏或执迷不悟了。

失恋者只要肯对抛弃自己的恋人撒手，何至于把自己弄得失魂落魄、心灰意冷？失业者只要肯对头脑中僵化的择业观撒手，何至于整天萎靡不振、怨天尤人？赌徒只要肯对侥幸心理撒手，何至于血本无归、倾家荡产？瘾君子只要肯对海洛因撒手，何至于如行尸走肉、浑噩一生？贪赃枉法者只要肯对一个“钱”字撒手，又何至于锒铛入狱甚至搭上自己的性命？

该放手时请放手，不可陷得太深。留得青山在，不怕没柴烧。事实上，放手可以减轻许多麻烦和折磨，可以轻松地去开始另一件更有意义的事业。做人应该灵活点，不能像狒狒那样一根筋。这就是所谓不舍就不得，舍弃才能得到的道理。

“舍得”在某种情况下意味着变通。

从前有两个年轻人，一个叫小山，一个叫小水，他们住在同一个村庄，成为了最要好的朋友。由于居住在偏远的乡村谋生不易，他们就相约到外地去做生意，于是同时把田产变卖，带着所有的财产和驴子到外地去了他们首先抵达了一个生产麻布的地方，小水对小山说："在咱们家乡，麻布是很值钱的东西，我们把所有的钱都换取麻布，昔日故乡一定会有利润的。"小山同意了，两人买了麻布，细心地捆绑在驴子背上。

接着，他们又到了一个盛产毛皮的地方，那里也正好缺少麻布，小水就对小山说："毛皮在咱们家乡是更值钱的东西，我们把麻布卖了，换成毛皮，这样不但我们的本钱回收了，返乡后还有很高的利润！"

小山说："不了，我的麻布已经很安稳地捆在驴背上，要搬上搬下多么麻烦呀！"

于是，小水把麻布全换成毛皮，还多了一笔钱。而小山却依然有一驴背的麻布。

他们继续前进到一个生产药材的地方，那里天气苦寒，正缺少毛皮和麻布，小水就对小山说："药材在咱们家乡是更值钱的东西，你把麻布卖了，我把毛皮卖了，换成药材带回故乡一定能赚大钱的。"

小山拍拍驴背上的麻布说："不了，我的麻布已经很安稳地在驴背上，何况已经走了那么长的路，卸上卸下太麻烦了！"于是，小水把毛皮都换成药材，还赚了一笔钱，而小山却依然有一驴背的麻布。

后来，他们来到一个盛产黄金的城市，那充满金矿的城市是个不毛之地. 非常缺药材，当然也缺少麻布。小水对小山说："在这里药材和麻布的价钱很高，黄金很便宜，咱们家乡的黄金却十分昂贵，我们把药材和麻布换成黄金，这辈子就不愁吃穿了。"

小山再次拒绝了："不，不！我的麻布在驴背上很稳妥，我不想变来变去呀！"于是，小水卖了药材，换成黄金，又赚了一笔钱，而小山却依然守着一驴背的麻布。

最后，他们回到故乡，小山卖了麻布，只得到蝇头小利，和他辛苦的远行不成比例。而小水不但带回一大笔财富，而且还把黄金卖了，成为当地最大的富豪。

人一定要懂得在适当的时候变通，无谓的坚持是没有意义，也没有价值的。常常觉得执着跟放手都需要很大的勇气。在执着于自己的追求时往往要做出牺牲，而那样的牺牲就叫作放手。在决定放手的时候，又经常是为了追逐其他。想要天底下出现事事完美的好状况，几率实在是低得很，鱼与熊掌有九成九的机会不可兼得。

这就是抉择：舍得之间，成大方圆。

圆是懂得变通

在日常生活中，不懂得圆融变通的人习惯于遵循老传统、恪守老经验，宁愿平平淡淡做事、安安稳稳生活，日复一日、年复一年地从事别人为他们安排好的重复性劳动，不敢有一丝“出格”行为，对于那些未知的东西更是心中充满了畏惧。

这些人思想守旧，心不敢乱想、脚不敢乱走、手不敢乱动，凡事小心翼翼、中规中矩，虽然办事稳妥，但也不会有创造力，不懂得如何创造性地完成任务，也就不可能将工作做得卓越。

下面这则故事中的主人翁，就是由于固守老经验不放手而有了那次悲惨的遭遇。事后，他悔恨地感叹：都是老经验害了他们，如果当时能够冒险试一试，哪怕只试一次，其他的船员也不会丧身孤岛。

那一次，他所在的远洋海轮不幸触礁，沉没在汪洋大海里。船上包括他在内的9位船员拼死登上一座孤岛，才暂时得以幸存下来。

但接下来的情形更加糟糕。岛上除了石头还是石头，没有任何可以用来充饥的东西。更为要命的是，在烈日的暴晒下，每个人都口渴得冒烟，水成了最珍贵的东西。

尽管四周都是水——海水，可谁都知道，海水又苦又涩，饮用过后反而会更加口渴，最终会因严重脱水而死亡。现在9个人唯一的生存希望是老天爷下雨或过往船只发现他们。

等啊等，没有任何下雨的迹象，天际间除了海水之外还是一望无边的海水，没有任何船只经过这个死一般寂静的岛。渐渐地，他们支撑不下去了。

其他8名船员相继渴死，只剩下了他一个。饥渴、恐惧、绝望环绕在他的四周，当他也快要渴死的时候，实在忍受不住，跳进海水里，“咕嘟咕嘟”地喝了一肚子海水。他喝完海水，一点儿也觉不出海水的苦涩味，相反却觉得这海水非常甘甜、非常解渴。他想：也许这是自己死前的幻觉吧，便静静地躺在岛上，等着死神的降临。

他睡了一觉，醒来后发现自己还活着，感到非常奇怪，于是他每天靠喝海水度日，终于等来了过往的船只。

他得以生还后，大家都很奇怪这片海水为什么是甘甜的可饮用水，后来有关专家化验岛上的海水时发现，这片海下有一口地下泉。由于地下泉水的不断翻涌，所以，海水实际上是可口的泉水。

谁都知道“海水是咸的”“根本不能饮用”，这是基本常识，因此8名船员被渴死了。追根究底，还是老经验害死了他们。而第9名船员在求救无望的生死之际，颠覆了老经验，做出异于常人的举动，而正是这一举动使他找到了一线生存的希望。

这则故事也告诉我们，再好的经验也会成为过去，如同高科技产品一样，今天是博览会上的高、精、尖，明天就可能成为博物馆里的“古董”。下面小虎鲨的故事也证明了这一点。

小虎鲨长在大海里，当然很习惯大海中的生存之道。肚子饿了，小虎鲨就努力找大海中的其他鱼类吃，虽然有时候要费些力气，却也不觉得困难。有时候，小虎鲨必须追逐很久才能猎到食物。这种难度，随着小虎鲨经验的增长越来越不成问题，并不会对小虎鲨的生存造成影响。

很不幸，小虎鲨在一次追逐猎物时被人类捕捉住了。离开大海的小虎鲨还算幸运，一个研究机构把它买了去。关在人工鱼池中的小虎鲨虽然不自由，却不愁猎食，研究人员会定时把食物送到池中。

有一天，研究人员将一片又大又厚的玻璃放入池中，把水池分割成两半，小虎鲨却看不出来。研究人员把活鱼放到玻璃的另一边，小虎鲨等研究人员放下鱼后，就冲了过去，结果撞到玻璃，疼得眼冒金星，却什么也没吃到。小虎鲨不信邪，过了一会儿，看准了一条鱼，咻地又冲过去，这一次撞得更痛，差点没昏倒，当然也没吃到鱼。休息 10 分钟后，小虎鲨饿坏了，这次看得更准，盯住一条更大的鱼，咻地又冲过去，情况仍没有改变，小虎鲨撞得嘴角流血。它想，这到底是怎么回事？小虎鲨趴在池底思索着。

最后，小虎鲨拼着最后一口气，再冲！但是仍然被玻璃挡住，这回撞了个全身翻转，鱼还是吃不到。小虎鲨终于放弃了。

不久，研究人员又来了，把玻璃拿走，又放进小鱼。小虎鲨看着到口的鱼食，却再也不敢去吃了。

西点军校的教官告诫学员：人类也很容易像小虎鲨一样被过去的经验所限制，如果你不想没有食物吃，那就勇敢地跨过经验这道门槛吧。

经验告诉我们的只是过去成功的过程，而不是未来该如何成功。你千万不要以为在人生这个广袤的大海里，只能抱着那些曾经的经验，在祖辈开辟的领海中游弋。与恪守老经验的人不同，具有创新思维的人长了一身“反骨”。别人拿苹果直着切，他偏偏横着切，看看究竟有什么不同；别人说“不听老人言，吃亏在眼前”，他偏不听，要自己闯闯看。具有创新思维的人不愿死守传统、不愿盲从他人，凡事喜欢自己动脑筋，有自己的独立见解。他们思想开放、不拘小节、兴趣广泛、好奇心重，喜欢标新立异，最爱别出心裁。因此，具有创新思维的人脑瓜活、办法多，最能创造出好成绩。

我们都很钟爱老经验，因为经验毕竟是前人智慧的积累，是我们伸手即可取之的做事准则。但是，在当今信息瞬息万变的时代，经验已经不能代表一切，恪守老经验也不等于永远正确，其更加阻碍了创新思维的发挥。所以，在生活和工作中，我们应该利用好老经验，而不是受它的束缚。

创新思维，突破依赖

路径依赖的意思是思维会受既定的标准所限制，而难以有所突破。它常常会作为一种现象出现在我们的生活中。

春秋时的一天，齐桓公在管仲的陪同下来到马棚视察。他一见养马人就关心地询问："马棚里的大小诸事，你觉得哪一件事最难?"养马人一时难以回答。这时，在一旁的管仲代他回答道："从前我也当过马夫，依我之见，编排用于拦马的栅栏这件事最难。"齐桓公奇怪地问道："为什么呢?"管仲说道："因为在编栅栏时所用的木料往往曲直混杂。你若想让所选的木料用起来顺手，使编排的栅栏整齐美观、结实耐用，开始的选料就显得极其重要。如果你在下第一根桩时用了弯曲的木料，随后你就得顺势将弯曲的木料用到底，笔直的木料就难以启用。反之，如果一开始就选用笔直的木料，继之必然是直木接直木，曲木也就用不上了。"

管仲虽然不知道"路径依赖"这个理论，却已经在运用这个理念来说明问题了。他表面上讲的是编栅栏建马棚的事，但其用意是在讲述治理国家和用人的道理。如果从一开始就做出错误的选择，那么后来就只能是将错就错，很难纠正过来，由此可见"路径依赖"的可怕性。如果最初的思维是错误的，也就难以得到正确的结果了。

我们的生活和工作中常常会遇到"路径依赖"的情况，使思维陷入到对传统观念的依赖中。这种依赖是创新路上的一块绊脚石，要想有所创新，就要努力突破"路径依赖"，开辟一条新的路径，像下面故事中的B公司销售人员一样。

A 公司和 B 公司都是生产鞋的，为了寻找更广阔的市场，两个公司都往世界各地派了很多销售人员。这些销售人员不辞辛苦，千方百计地搜集人们对鞋的各种需求信息，并不断地把这些信息反馈给公司。

有一天，A 公司听说在赤道附近有一个岛，岛上住着许多居民。A 公司想在那里开拓市场，于是派销售人员到岛上了解情况。很快，B 公司也听说了这件事情，他们唯恐 A 公司独占市场，赶紧也把销售人员派到了岛上。

两位销售人员几乎同时登上海岛，他们发现海岛相当封闭，岛上的人与大陆没有来往，他们祖祖辈辈靠打鱼为生。他们还发现岛上的人衣着简朴，几乎全打赤脚，只有那些在礁石上采拾海蛎子的人，为了避免礁石硌脚，才会在脚上绑海草。

两位销售人员一到海岛上，便立即引起了当地人的注意。他们注视着陌生的客人，议论纷纷。最让岛上人感到惊奇的就是客人脚上穿的鞋子，岛上人不知道鞋子为何物，便把它叫作脚套。他们从心里感到纳闷：把一个“脚套”套在脚上，不难受吗？

A 公司的销售人员看到这种状况，心里凉了半截，他想，这里的人没有穿鞋的习惯，怎么可能建立鞋的市场？向不穿鞋的人销售鞋，不等于向盲人销售画册、向聋子销售收音机吗？他二话没说，立即乘船离开海岛，返回了公司。他在写给公司的报告上说：“那里没有人穿鞋，根本不可能建立起鞋的市场。”

与 A 公司销售人员的情况相反，B 公司的销售人员看到这种状况时心花怒放，他觉得这里是极好的市场，因为没有人穿鞋，所以鞋的销售潜力一定很大。他留在岛上，与岛上的人交了朋友。

B 公司的销售人员在岛上住了很多天，他挨家挨户做宣传，告诉岛上人穿鞋的好处，并亲自示范，努力改变岛上人打赤脚的习惯。同时，他还把带去的样品送给了部分居民。这些居民穿上鞋后感到松软舒适，走在路上再也不用担心扎脚了。这些首次穿上了鞋的人也向同伴们宣传穿鞋的好处。

这位有心的销售人员还了解到，岛上居民由于长年不穿鞋的缘故，与普通人的脚形有一些区别，他还了解了他们生产和生活的特点，然后向公司写了一份详细的报告。公司根据这些报告，制作了一大批适合岛上人穿的鞋，这些鞋很快便销售一空。不久，公司又制作了第二批、第三批……B 公司终于在岛上建立起市场，狠狠赚了一笔。

按照传统路径，海岛上的居民不穿鞋子，鞋子又怎会在这里有市场呢？然而，B 公司的销售人员却突破了对这一路径的依赖，用创新的方法使居民认识到穿鞋的好处。就这样，轻而易举地打开了一片新的市场。

“路径依赖”理论不仅为我们揭示了禁锢思想的原因，同时也提出了解除这种禁锢的方法，那就是从源头上突破对某一种观点或规范的依赖，尝试用一种全新的方法，走一条全新的道路。尝试为创新思维开辟一片发展的空间，在这片自由的天空下，将创造力发挥到极致，取得生活与事业的双赢。

思路决定出路

世界上极具影响力的美国心理学家马尔比 · D. 巴布科克说："最常见同时也是代价最高昂的一个错误，就是认为成功依赖于某种天才、某种魔力，某些我们不具备的东西。"成功的要素其实掌握在我们自己手中，那就是正确的思维。一个人能飞多高，并非由人的其他因素决定，而是受他自己的思维所制约。有这样一则故事，相信会对大家有所启发。

在一对老夫妻结婚 50 周年之际，他们的儿女为了感谢其养育之恩，送给了他们一张世界上最豪华的客轮的头等舱船票。老夫妻非常高兴，登上了豪华邮轮。老夫妻真的是大开眼界，邮轮上可以容纳几千人的豪华餐厅、歌舞厅、游泳池、赌厅等应有尽有。唯一遗憾的是，这些设施的价格非常昂贵，老夫妻一向很节俭，舍不得去消费，只好待在豪华的头等舱里，或者到甲板上吹吹风。还好，来的时候他们怕吃不惯船上的食物，带了一箱泡面。

转眼间邮轮的旅程要结束了，老夫妻想着，回去以后如果邻居们问起来船上的饮食娱乐怎么样，他们会无法回答，所以决定最后一晚的晚餐到豪华餐厅里吃一顿，反正最后一次了，奢侈一次也无所谓。到了豪华的餐厅，烛光晚餐、精美的食物，他们吃得很开心，仿佛回到了初恋时候的感觉。晚餐结束后，丈夫叫来服务员要结账。服务员非常有礼貌地说："请出示一下您的船票。"丈夫很生气："难道你以为我们是偷渡上来的吗？"说着把船票丢给了服务员，服务员接过船票，在船票背面的很多空栏里划去了一格，并且十分惊讶地说："二位上船以后没有任何消费吗？这是头等舱船票，船上所有的饮食、娱乐，包括赌博筹码都已经包含在船票里了。”

这对老夫妇为什么不能够尽情享受？是他们的思维禁锢了其行动，他们没有想到将船票翻到背面看一看。我们每一个人都会遇到类似的情况，总是死守着现状而不愿改变。就像我们头脑中的思维方式，一旦哪一种观念占据了上风，便很难改变或不愿去改变，导致做事风格与方法没有半点变通的余地，最终只能将自己逼入“死胡同”。

如果我们能够像下面故事中的比尔一样，适时地转换自己的思维方式，就会使自己的思路更加清晰、视野更加开阔，做事的方法也会灵活多变，自然就会取得更优秀的成就。从某种程度上讲，改变了思维，人生的轨迹也会随之改变。

从前有一个村庄严重缺少饮用水，为了从根本上解决这个问题，村里的长者决定对外签订一份送水合同，以便每天都能有人把水送到村子里。艾德和比尔两个人愿意接受这份工作，于是村里的长者把这份合同同时给了两个人，因为他们知道一定的竞争既有益于保持价格的低廉，又能确保水的供应。

获得合同后，比尔就奇怪地消失了，艾德则立即行动起来。没有了竞争使他很高兴，他每日奔波于相距1公里的湖泊和村庄之间，用水桶从湖中打水并运回村庄，再把打来的水倒在由村民们修建的一个结实的大蓄水池中。每天早晨他都必须起得比其他村民早，以便当村民需要用水时，蓄水池中已有足够的水供他们使用。这是一项相当艰苦的工作，但艾德很高兴，因为他能不断地挣到钱。

几个月后，比尔带着一个施工队和一笔投资回到了村庄。原来，比尔做了一份详细的商业计划，并凭借这份计划书找到了四位投资者，和他们一起开了一家公司，并雇用了一位职业经理人。比尔的公司花了整整一年时间，修建了从村庄通往湖泊的输水管道。

在隆重的贯通典礼上，比尔宣布他的水比艾德的水更干净，因为比尔知道有许多人抱怨艾德的水中有灰尘。比尔还宣称，他能够每天24 小时、一星期7 天不间断地为村民提供用水，而艾德却只能在工作日里送水，因为他在周末同样需要休息。同时比尔还宣布，对这种质量更高、供应更为可靠的水，他收取的价格比艾德的低 75% 。于是，村民们欢呼雀跃、奔走相告，并立刻要求从比尔的管道上接水龙头。

为了与比尔竞争，艾德也立刻将他的水价降低了 75% ，并且又多买了几个水桶，以便每次多运送几桶水。为了减少灰尘，他还给每个桶都加上了盖子。用水需求越来越大，艾德一个人已经难以应付，他不得已雇用了员工，可又遇到了令他头痛的工会问题。工会要求他付更高的工资、提供更好的福利，并要求降低劳动强度，允许工会成员每次只运送一桶水。

此时，比尔又在想，这个村庄需要水，其他有类似环境的村庄一定也需要水。于是他重新制订了其商业计划，开始向全国甚至全世界的村庄推销他的快速、大容量、低成本并且卫生的送水系统。每送出一桶水他只赚 1 便士，但是每天他能送几十万桶水。无论他是否工作，几十万人都要消费这几十万桶水，而所有这些钱最后都流入了比尔的银行账户中。显然，比尔不但开发了使水流向村庄的管道，而且还开发了一个使钱流向自己钱包的管道。

比尔之所以能获得成功，就在于他懂得及时变换思维。当得到送水合同时，他并没有立即投入挑水的队伍中，而是运用他的智慧将送水工程变成了一个体系，在这个体系中的人物各有分工、通力协作。当这一送水模式在本村庄获得成功后，比尔又考虑到其他的村庄也需要这种安全卫生方便的送水服务，于是开拓了其业务范围。比尔正是运用了巧妙的思维变通达到了“巧干”的效果。

思路决定出路，思维改变人生。应对人生的难题，如果不懂得变化，那么只会让发展停滞。而懂得变化的人，则能在竞争中占有绝对优势。

改变自己才能改变命运

世界上的任何事物都不会完全按照我们的主观意志去发展变化。我们要获得成功，首先就要去认识事物的性质和特点，然后根据实际情况调整自己的思路和行为方式。只有如此，我们才能在顺应事物变化的同时驾驭变化。

动物学家们在做青蛙与蜥蜴的比较实验时发现：青蛙在捕食时，四平八稳、目不斜视、“呆若木鸡”，直到有小虫子主动飞到它的嘴边时，才猛地伸出舌头，粘住飞虫吃下去。之后，它又开始那目不斜视的等待，看得出来，青蛙是在“等饭吃”。而蜥蜴则完全不同，它们整天奔忙在私人住宅区、老式办公楼、蓄水池边等地方，四处游荡搜寻猎物。一旦发现目标，它们就会狂奔猛追，直到吃到嘴里为止。吃完后，它们略作休息，喝口水，就整装待发，又去“找饭吃”了。

我们不妨将青蛙与蜥蜴的捕食方法当作两种不同的处世风格。青蛙的捕食方法也有可能会吃饱，但它对环境的依赖性过高，不能对随时变化的环境做出迅速的反应，池塘一旦干涸了，青蛙也就消失了；而蜥蜴的方法却很灵活，它们能够快速适应变化了的环境，所以，即使这一片池塘干涸了，蜥蜴仍能够活跃在另外一个池塘边。

我们生活的社会瞬息万变，别人在变，自己不变，就会成为别人的垫脚石；环境在变，自己不变，最后只能惨遭淘汰。

推销员戴尔做了一年半业务，看到许多比他后进公司的人都获得了晋升，而且薪水也比他高许多，他百思不得其解。想想自己来了这么长时间，客户也没少联系，可就是没有大的订单让他在业务上有所起色。

有一天，戴尔像往常一样下班就打开电视若无其事地看起来，突然有一个名为“如何使生命增值”的专家专题采访栏目引起了他的注意。

心理学专家回答记者问时说：“我们无法控制生命的长度，但我们完全可以把握生命的深度！其实每个人都拥有超出自己想象10倍以上的力量。要使生命增值，唯一的方法就是在职业生涯中努力地追求卓越！”

戴尔听完这段话后，决定从此刻做出改变。他立即关掉电视，拿出纸和笔，严格地制订了半年内的工作计划，并落实到每一天的工作中……

两个月后，戴尔的业绩明显大增。九个月后，他已为公司赚取了2500万美元利润，年底他便当上了公司的销售总监。

如今，戴尔已经拥有自己的公司。他每次培训员工时，都不忘说：“我相信你们会一天比一天优秀，只要你决心做出改变！”于是员工信心倍增，公司的利润也飞速增长。

“我们这一代最伟大的发现是，人类可以由改变自己而改变命运。”戴尔用自己的行动印证了这句话，那就是：有些时候，面对一些棘手的问题，应该迫切改变的或许不是环境，而是我们自己。换句话说就是：有些时候，我们不是找不到方法去解决问题，而是在问题面前我们没有真正地做出努力。相信在完善自己的同时，我们也会找到解决问题的方法。

环境的变化虽然对一个人的命运有着直接影响，但是，任何一个环境都有可供发展的机会，紧紧抓住这些机会，好好利用这些机会，不断随环境的变化而调整自己的观念，就有可能在社会竞争的舞台上开辟出一片新天地并站稳脚跟。所以，每个人在经营自己的过程中都必须有中途应变的准备，这是市场环境下的生存之本，也是强者的生存之本。

问题面前最需要改变的是我们自己，面对环境的发展变化，我们要及时改变自己的观点和思路，及时改变自己的生存方式，只有这样，才有可能最终走向成功。

改变自己，然后才能改变命运。有时候，迫切应该改变的或许不是环境，而是我们自己。不学会去变，或者没有能力去变，终将被社会淘汰。所以，做一切事、解决一切问题，我们都必须随着客观事物的变化而不断调整自己，这样才能为自己提供更多的生存机会。

第四章

保持低调，忍耐为圆

低调为人有好处

准备了一个月的计划书终于可以呈报老板了，在会议上，各部门主管都一致赞许你的真知灼见，老板更是赞赏有加、喜上眉梢。这时的你必然是春风得意，难禁喜悦之色，大有世界都属于你的感觉，但你兴奋忘形之际，也许正是自埋炸弹之时。

有些人是自私的，你呼风唤雨，一定会惹来这些人的妒忌。从表面上看，他们或许会阿谀奉承，甚至扮作你的知己和倾慕者，而私底下却恨你入骨也说不定。为了避免遭人放暗箭，请收敛你的得意之态，谦虚一点吧。

也许有人会锦上添花地向你说："看来，老板就只信任你一个""唔，经理这个位置非你莫属了""嘿，他日成了一人之下万人之上，千万别忘记我啊""你的聪明才智，公司里没人可及哩"……

切莫被美丽的谎言冲昏头脑，聪明的人必须是理智的，要告诉他们："不要乱开玩笑啊，公司有太多人才呢""我的意见只是一时的灵感，没啥特别呀""我还有更多的东西要学"

真正的强人，应明白"居安思危"的道理！

老板对你的计划书大为赞赏，公开表示你的才干值得重视。还有，刚好成功地完成了一项任务，使公司赚了钱，各部门主管对你另眼相看，有点飘飘然了吧？

这实在太危险了！

记着，叫别人妒忌你是十分失败的事，更何况无端树敌并不是强人典范。那么，如何才能避开这些办公室里的敌意呢？

首先，请切记别乐昏了头脑，要处处表现得虚心、容易满足。总之，就是采取低调姿态。即使当你像坐直升机一样，势力一天比一天大时，请仍然保持与旧同事的关系，抽时间与他们在一起。谈话时更不能自己翻那些成功史，即使别人阿谀一番，也当他是耳边风好了，或者索性说："那绝非我的功劳，老板对我也是太好了。"

处处表现虚心，不要颐指气使。同事一旦对你有了偏见（由妒忌演变而来），他日做起事来，障碍肯定更多，对你当然不是什么好事了。

为了达到某些目的，不少人勤于制造高帽，往"目标物"头上送。你的职权日大，成为"目标物"，乃是自然事。私下里，你在开心之余，又觉得很不自然，但又不知该如何处理，这时候你应该保持低调的姿态。保持低调的姿态首先可以让你保持清醒的头脑，这样才能对事物做出正确的判断，不至于被得意冲昏了头脑；其次，低调的姿态是获取他人好感的必要表现，大多数人欣赏的是低调为人的人，而不是沾沾自喜的人；再次，低调为人可以避免小人的妒忌之心，避免不必要的闲言碎语，以免给自己带来不必要的内心烦恼；低调为人、不自得方能给自己立下更大的奋斗目标，才能保持拼搏的劲头。因此，圆润为人，少不得低调为人。

学会忍耐，保存实力

张良替老人捡起鞋子，跪着替老人把鞋穿到脚上，这就是把忍用于自己；“蜷关鸿沟”，背弃盟约，置人于死地，这就是把忍用于别人。

人生在世，尤其是在关系复杂、利害重大的时候，总是会遇到种种不顺心的事情：不公、冷遇、误解、诋毁、陷害。这些不顺心有时候会对自己固有的原则和利益造成损害。至于如何对待这些事情，每个人都有不同的做法。有人主张坚持自己的原则，宁折不屈；有人主张以其人之道，还治其人之身。而正确的做法是，以忍来化解矛盾，或以忍来等待时机。

忍是一种利益的取舍。人们所争的是名利，所忍的也是名利的暂时失去。很多人在小事上和别人争个头破血流，可以算得上是得不偿失。真正聪明的人才懂得权衡利弊，他们重视大利、不夺小利，当争则争、当忍则忍。当然，这同时也说明他们拥有必要的素质。能够忍受暂时的屈辱、磨炼自己的意志、寻找合适的机会，正是一个成功者必不可少的心理素质。只有忍受自己遭遇的不公、社会的不公，才能保全自己的名节。只有处变不惊、虚静自守、厚积薄发，才能有以静制动、后发制人、以虚应实、以退为进、以屈求伸的良好效果。正是“忍”加强了我们的韧性和灵活性，使我们能够迎接并承受各种艰难险阻的挑战。

当然，还有另一种“忍”。很多拥有很卓越的才华和异于常人才能的人总是锋芒毕露、咄咄逼人，看起来不可一世。但实际上，这么做不但不会给他带来除了满足虚荣心之外过多的好处，相反，正所谓“树大招风”，它更加会招致无法预料的后果。低调做人，收敛锋芒，能够削弱别人对自己的提防和控制，特别是自己处于劣势的时候，这种做法更能够隐蔽和保护自己，讨好与麻痹敌人，这样才有可能赢得成功。

历史上因为不懂得低调和收敛而落得悲惨结局的人不计其数。杨恽是西汉宣帝时人，他重仁义轻财物，为官也清廉奉法、大公无私。这样的官员，按理来说应该是皇帝特别喜欢的，一开始也的确如此，他也屡次被提拔，官至中山郎，而且被封为平通侯。不过，正当他官运亨通、春风得意的时候，有人却在皇帝面前告了他一状，说他对皇帝心怀不满，表现得那么出色，其实是为了笼络人心、图谋不轨。皇帝当然喜欢称职的官员能够帮助他治理天下，但是却厌恶有人和他唱对台戏，即便是才干再高、品德再好，只要对他“图谋不轨”，便会立即招来灾祸。这样，皇帝一怒之下，就把杨恽贬为平民了。

杨恽原先做官时极为清廉，并没有怎么添置家产。而成为平民之后，则添置了很多家当。他以置办财产为乐，每天忙得不亦乐乎。他的好朋友孙会宗听说这件事后，感到可能会闹出大事来，就写了一封信给杨恽，信里说：“大臣被免掉了，应该关起门来表示‘心怀惶恐’，装出可怜的样子，免得人家怀疑。你不应该置办家产，更加不该大张旗鼓地宴请宾客，为自己引得美誉，这样容易引起人们的非议。让皇帝知道了，不会轻易放过你的。”不料，杨恽却很不服气，他回信给老朋友说：“我自己认为确实有很大的过错，德行也有很大的污点，理应一辈子做农夫。农夫很辛苦，没有什么快乐，但在过年过节杀牛宰羊，喝喝酒、唱唱歌，来慰劳自己，总不至于犯法吧！”

杨恽依然我行我素。有人向皇帝告发说，杨恽被免官后不思悔改、生活高调，大有不满之意。而且，最近出现的一次不吉利的日食现象，也可能就是由他造成的。于是，皇帝派人立即将杨恽缉拿归案，以大逆不道的罪名把他腰斩了，还把他的妻儿子女流放到酒泉。

北齐的高洋，在当上皇帝之前总是少言少语，显得愚钝憨厚，没有人把他看在眼里。就连他的哥哥高澄都说："我这个弟弟如果哪天大富大贵了，那么预言吉凶的相面书也就无法解释了。"轻视之意溢于言表。退朝之后，高洋也总是在家闭门静坐，对妻妾也很少说话，最激烈的举动也只不过是有时脱了鞋，光着膀子在院子里奔跳而已。而高澄却和高洋截然不同。高澄从小就显得聪明无比，长大之后，也是能力出众、功勋卓越，被皇帝封为相国、齐王，"赞拜不名，入朝不趋，剑履上殿"，权势至高无上。但是高澄却丝毫不满足，嚣张跋扈，甚至敢当面责骂皇帝，还调戏高洋的美妾，总之从不把任何人放在眼里。

不过，"天有不测风云"，高澄后来密谋废除皇帝，却不料竟被家奴兰京刺杀身亡。高洋听闻后，神色不变，率兵赶至，立即将兰京等人一一捕杀。对外，他称高澄只是在家奴造反时受了点伤，又向皇帝请求护送高澄回晋阳养伤。皇帝以为高澄既然已经受伤，而高洋大器难成，自己的威权可以收回来了，于是大喜，批准照行。高洋回到晋阳后，当即召集群臣布置政事、推行新法、革除弊政。不到一年，把晋阳治理得井井有条，百官见了均惊叹不已。高洋见内外安定，这才宣布高澄已经去世，为兄发丧。而皇帝见他毫无野心，便晋封他为大丞相，都督中外诸军，袭其兄封号为齐王。不料数月后，高洋却率兵抵达国都，逼皇帝禅位。皇帝毫无准备，闻之大惊，但却不得不交出王位。高洋就此成功建立了北齐政权。

俗话说"人在屋檐下，不得不低头"，意思是当自己的权势不如人家，或者时势不利于自己的时候，不得不低头退让。低头退让就是忍。隋炀帝杨广十分残暴，统治很不得人心，各地农民起义风起云涌，就连隋朝的许多官员也纷纷倒戈，转向农民起义军而反对朝廷。因此，杨广对朝廷大臣疑心很重，尤其是外藩的重臣更是容易猜忌。唐国公李渊曾经多次担任中央和地方官，他每到一个地方，都诚心结交当地的英雄豪杰，广树恩德，因此声望很高，很多人都来归附。隋炀帝曾经下诏让李渊到他的行宫去晋见他，李渊因病未能前往，隋炀帝很不高兴。李渊的外甥女王氏是隋炀帝的妃子，隋炀帝向她问起李渊没有来朝见的原因，王氏回答说是因为病了，隋炀帝又问道：“会死吗？”还是恼怒他没有来。王氏把这一消息传给了李渊，李渊更加谨慎，他知道迟早为隋炀帝所不容，但自己过早起事又力量不足，只好忍耐等待。他故意收受贿赂，败坏自己的名声，又表面上沉湎于声色犬马之中，而且大肆张扬。隋炀帝听到这些，果然放松了对他的警惕。等自己的实力渐渐壮大后，李渊才公开起事，终于成功，建立了唐朝。

难怪杨恽做不好官，他连“欲加之罪，何患无辞”的常识也不懂，甚至连最高权威者忌惮什么都不清楚。他因过于招摇而被皇帝免官之后，本来应该学乖点，接受友人的劝告，采取“忍”的策略，装出一副堪于忍受损害与侮辱、逆来顺受的可怜样子，说不定皇帝和敌人还会放过他。但他却并没有吸取教训，还广置家产、广交朋友，这不是明摆着对自己被贬不满吗？杨恽不能压住自己的不满情绪，不会提防皇帝和敌人抓住自己不满的把柄，终于酿成了自己被杀、家人遭流放的悲剧。

相比之下，高洋和李渊就聪明得多了。他们深知低调做人、忍耐待机的奥妙。其实，说起才能来，高洋未必不如他那位看不起他的哥哥，但是他却懂得将自己的实力隐藏起来，这样才能解除对方的警惕和迫害，而且能够得到更多的机会。正因为他跟高澄不同，所以同样是要谋权篡位，高澄身首异处，而他却成功了。李渊也跟高洋一样。他完全知道在必要的时候要学会忍耐，隐藏和保存实力，这样才有机会成功。

得意时不可忘形

在与成功人士的交往过程中，卡耐基领悟到，成功者即使在功成名就时也应时刻保持清醒的头脑，居安思危，他知道，轻敌得意忘形的结果只会给自己带来麻烦。

在世界彩色胶片市场上，只有两个对手争雄：美国的柯达和日本的富士。

20 世纪 70 年代，柯达垄断了彩色胶片市场的 90% 。但是，1984 年，富士公司取得“第 23 届奥运会专用”的特权后扶摇直上，直逼柯达的霸主地位。

为什么会这样呢？第 23 届奥运会是在美国召开的，为什么在天时、地利、人和的情况下，柯达反而打了败仗呢？

主要原因在于柯达的骄傲轻敌。它被排出奥运会赞助单位名单之外，是一个严重的战略性错误，正是由于这一原因，富士公司才有了一个发展的大好机会。

奥运会前夕，柯达公司的营业部主任、广告部主任等高级管理人员十分自信地认为，按照柯达的信誉，奥运会要选择大会指定胶卷，非他们莫属。因此，他们认为再花 400 万美元在奥运会做广告不值得。当美国奥委会来联系时，柯达公司的官员们盛气凌人，爱理不理地要求组委会降低赞助费。这时，富士公司却乘虚而入，出价 700 万美元，争到了奥运会指定彩色胶片的专用权。

此后，富士公司竭尽全力展开奥运攻势，在奥运场地周围竖立起铺天盖地的富士标志，胶卷也都换上了“奥运专用”字样的新包装，各比赛场馆设满了富士的服务中心，一天可冲洗 1300 卷的设备和人力安排停当，承办放大剪辑业务的网点处处可见，富士摄影频频展出……“要参加奥运会的运动员、观众能在奥运会上时时、处处看到‘富士’”——这就是富士公司的广告宣传策略。

富士的强大宣传攻势，给柯达带来了巨大冲击。随之，柯达胶卷的销量明显减少。这下柯达公司才着急了，在十万火急的情况下召开董事会研究对策。广告部主管立即被撤职，亡羊补牢的紧急措施一条又一条地下来：拨款 1000 万美元作为广告费，挽回广告战败局。于是，在各地公路出现了柯达的巨幅广告牌；聘请世界级运动员大做广告；主动资助美国奥运会和运动员；赠给 300 名美国运动员每人一架特制柯达照相机。这些措施虽然起到了一点作用，但对于失去奥运会的独家赞助权来说，它已为时过晚、收效甚微了。

对于企业的发展来说，最忌讳得意忘形，一招不慎带来的可能是巨大的损失。对于个人来说，也要做到得意不可忘形。

宋太宗与两个重臣一起喝酒，边喝边聊，俩重臣喝醉了，竟在皇帝面前相互比起功劳来。他们越比越来劲，干脆斗起嘴来，完全忘了在皇帝面前应有的君臣礼节，侍卫在旁看着实在不像话，便奏请宋太宗，要将这两人抓起来送吏部治罪。宋太宗没有同意，只是草草撤了酒宴，派人分别把他俩送回了家。次日上午，他俩都从沉醉中醒来，想起昨天的事来惶恐万分，连忙进宫来请罪。宋太宗看着他们战战兢兢的样子，便轻描淡写地说：“朕昨天也喝醉了，记不起这件事了。”既不处罚，也不表态，以一句“朕昨天也喝醉了”打发了他们。

宋太宗这样处理不失为明智之举，是作为一国之君对臣子的仁厚，但试想一下，如果君主有意治罪臣子的话，那么这两位大臣因为他们的得意忘形轻则会被降职，重则丧命都是有可能的，因此，圆滑为人、通晓人情世故必须要做到得意而不可忘形。

韬光养晦，不露锋芒

人在一个集体中不可强出风头，孚众望、得人心，是日积月累的结果。你在言谈举止之间，别人——尤其是你的朋友、同事——都在那儿观察你、品评你。你有成就，你肯努力，你待人宽厚，别人自会欣赏，用不着强求注意。强出风头，往往会引起别人的反感。圆润为人要把握好前与后的艺术与分寸。

“出头的椽子先烂”“木秀于林，风必摧之”“直木先伐，甘井先竭”……这类古训俗语常用来告诫人，要警惕环境险恶、人心叵测，要韬光养晦、不露锋芒、不动声色。因为，风头出尽的人容易遭人妒忌，容易首先受到攻击。做人持中、做事持中，这是中国人处世的哲学。中国人为人处世讲究在前在后的分寸，在现实中，确有那么一些人，虽说其能力、才学的确有过人之处，可正因为他们比别人在工作中所起的作用大一些，便总以为一切高、精、难的工作必须自己插手才会马到成功，轻视他人的才华，认为他人纯属“跑龙套”的配角，俨然认为离了他地球就会不转。这样难怪“枪手们”总忍不住先打这样的“出头鸟”。在我们这个有着几千年封建史的国度里，不知历史上有多少人因才华出众而遭受诘难，甚至丢掉了性命。在这里我们并不是否定那些勇往直前、万事当先的人，只是强调前与后是有分寸的。

那么，在工作中，在与同事交往的过程中，应该怎样把握不前不后的分寸呢？

首先，必须认清自己在工作中的位置和在单位中的角色。属于自己工作职责范围内的事情必须责无旁贷，尽心尽力去完成，做到在其位谋其职。而自己工作以外的事情，则以“多一事不如少一事”为原则，不该涉及的尽量不去涉及，尤其不要以“内行人”“明白人”或者其他居高临下的姿态去对待同事、领导。即使人家请你帮忙，也应以谦逊的态度待人。

其次，在名誉、利益面前不要表现得过于热衷。即使有所追求，也应该在表面上含而不露，应该通过为人与处世的技巧去赢得同事和领导的认同，以避免成为众人妒忌、排挤的对象。要知道，很多事情的成功，正如在沙场上作战一样，迂回包抄要比正面直接进攻有效得多。

不前不后是欲望控制的结果，是理智的化身。它要求你在工作办事过程中沉着、稳定，不被情绪支配言行，不被心理欲望所蛊惑。“淡泊明志，宁静致远”，正是这样不前不后处世态度的体现。

不前不后是一种处世哲学，更是一种处世技巧，它的根本点就在于明哲保身。这种策略可以保证你在一个群体之中四平八稳、步步为营地向前推进。

任何事情都是一分为二，不前不后只是说在同事之中、在利益与荣誉面前不过分张扬自己，不踩着别人的肩膀向上攀登。不前不后是一种过程，但这种处世态度带来的结果往往是赢得同事和上司的认同，最终在人群中脱颖而出。到那时，其情势将不是“木秀于林，风必摧之”，而是“众星捧月”“众望所归”。这正是恰当地把握不前不后的分寸，为自己的事业赢得人缘与机缘。

我们在观看一场马拉松比赛时，通常会看到前半程跑在最前面的人反而不容易夺到金牌，位置太靠后的落伍者也同样与冠军无缘，而跑在第二位置或者稍后一点的队员却更容易夺取桂冠。这与人和人之间的社会性竞争与相处何其相似，人生的奋进过程其实就是一次马拉松比赛，只有恰到好处地保持不前不后的位置，把握不前不后的分寸，才有可能更多地获得成功。要知道，在这场比赛中，人们要看的不是过程，而是最后的结果。但是结果如何正是由过程来决定的，保持不前不后的最佳人生位置带给你的报偿可能就是巨大的人际便利和成功的收获。

做个有人情味的人

圆润为人，做一个有人情味的人，才能在人情社会中交游自如，不断得到他人的好评与敬重，拓展良好的人际网络关系。

生活中有许多人抱着“有事有人，无事无人”的态度，把朋友当作受伤后的拐杖，复原后就扔掉。此类人大多会被抛弃，没人愿意再给他帮忙。

某君便有一个这样的朋友，是很好的例子：“我有一个高中三年的同学，而且是十分要好的朋友。我们进入了同一所大学，刚开学，她就主动要求当了班干部。有人说：地位高了，人就会变。自从她上任后，见到我有时干脆装作没看见。日子久了，我们就疏远了。但她有时也突然向我寻求帮助。出于朋友一场的考虑，我总是尽心尽力去办。可事后，她老毛病又犯了，我有了被利用的感觉，却无奈于心太软。就这样她大事小事都找我，其他朋友劝我放弃这份友情，这种人不值得交。当我下决心与她分开时，她伤心地流下泪，说她除了我竟没有一个朋友。”

一个没有人情味的人，永远无法建立起良好的人际关系网络。

由于李嘉诚在塑胶业的实力及声誉，他被推选为香港潮联塑胶制造业商会主席。

在此任上，李嘉诚做了一件功德无量的事，至今为香港商界传为佳话。

1973 年，石油危机波及香港。香港的塑胶原料全部依赖进口。香港的进口商趁机垄断价格，将价格炒到厂家难以接受的高位。

年初的每磅塑胶原料是 6 角 5 仙（分）港币，秋后竟暴涨到每磅 4 至 5 港元。

不少厂家被迫停产、濒临倒闭。

李嘉诚当时的经营重心已转移到地产上，因此，这场塑胶原料危机对他的影响不大。况且，长江公司本身也有充足的原料库存。

但李嘉诚却出于责任感毫不犹豫地挂帅救业。在他的倡议和牵头下，数百家塑胶厂家入股组建了联合塑胶原料公司。

原先单个塑胶厂家无法直接由国外进口塑胶原料，是因为购货量太小。现在由联合塑胶原料公司出面，需求量比进口商还大，因此可以直接交易了。

所购进的原料，按实价（其实并不高，只是被进口商炒高了）分配给股东厂家。在厂家的联盟面前，进口商的垄断格局不攻自破。

笼罩全港塑胶业两年之久的原料危机，一下子烟消云散。

李嘉诚在救业大行动中，还将长江公司的 12. 43 万磅原料以低于市价一半的价格救援停工待料的会员厂家。在直接购入国外出口商的原料后，他又把长江本身的 20 万磅配额以原价转让给需要量大的厂家。

危难之中，得到李嘉诚帮助的厂家达几百家之多。

于是，李嘉诚被称为香港塑胶业的“救世主”。

俗话说，患难见真情。佛家更说，救人一命胜造七级浮屠。

李嘉诚救人危难的义举，为他树立起崇高的商业形象，他的信誉和声望令他声名远播。信誉和声望无疑又会回馈给他无尽的生意和财富。

我们姑且不论李嘉诚是否有更高层次的思想意识，单以商论商，李嘉诚此举无疑是经商的上乘之作。

由此我们不难悟出，当业中同行需要你施以援手，而你又有能力时，该如何去办了。

落井下石，踩沉对方，你可以少一个竞争对手。但切不可忘记，即使你真能扼杀了对方，总会有新的竞争对手崛起。一个人不可以独霸一个行业。正如“野火烧不尽，春风吹又生”，一个人是赚不完所有的钱的。再说了，风水轮流转，何日才能到你家呢？

正确的取向，应该从李嘉诚的行为中汲取精义，做有人情味的人，方能为他人所推崇并赢得更大的利益。

另外，如果能在送人情的过程中，把他人的利益放在明处，将自己的实惠落在暗处，不但会达到自己的目的，而且还可以获得对方的人情，可以名利双收，“甘蔗可以两头甜”。

做有人情味的人，还要善于做人情，才能收到好的效果。

某企业董事长的家里，每到年底时都会收到堆积如山的礼品。由于实在是太多，而且礼物和赠礼的人不一致的情形也不少，所以听说这位董事长只留下合意的礼物，其余的都会退回百货公司。

然而，有一年岁末，这位董事长却意想不到地收到了令他满意的礼物！那是在美国流行的“高丽菜田娃娃”，不知是怎么寄来的，总之是送给董事长的小女儿的。赠品也很别致，而把这别致的礼物不送给董事长而是送给他的女儿，的确令人深感其诚意。

有人出席某电气厂商主办的演讲会。演讲后，对送到车站来的主办单位的人员无意中提起：“我母亲目前住院……”第二天，也不知演讲会的主办经理怎样打听到的，竟然到此人母亲入住的医院来探病。此人在震惊于主办者意想不到的好意的同时，感激之情也溢于言表。

学会控制小聪明

《伊索寓言》里有一篇关于鸟、兽和蝙蝠的寓言。

鸟族与兽类宣战，双方各有胜负。蝙蝠总是站在胜利的一方。经过一段时间，鸟族和兽类宣告停战，争取和平，交战双方最终知道了蝙蝠的欺骗行为。双方都把很多罪名加在蝙蝠头上：内奸、叛徒、间谍……

因此，双方一致决定把蝙蝠赶出界外。从此以后，蝙蝠总是躲藏在黑暗的地方，只是到了晚上才能独自出来觅食果腹。

这则寓言告诉我们一个道理，为人切莫太聪明，巧诈不如拙诚。真正会圆润为人的人不会让自己的聪明太外露，聪明过了头，反而会招来大麻烦。

三国时期，杨修在曹操手下任主簿，起初曹操很重用他，但杨修却不安分起来，起先还是耍耍小聪明。如有一次有人送给曹操一盒酥，曹操吃了一些，就又盖好，并在盖上写了“一合酥”的字样，大家都弄不懂这是什么意思，杨修见了，就拿起匙子和大家分吃，并说：“这分明是说一人一口酥啊，有什么可怀疑的！”

还有一次，建造相府，才造好大门的构架，曹操亲自察看了一下，没说话，只在门上写了一个“活”字就走了。杨修一见，就令工人把门造窄。别人问为什么，他说门中加个“活”字不是“阔”吗，丞相是嫌门太大了。

总之，杨修其人，有个毛病就是不看场合，不分析别人的好恶，只管卖弄自己的小聪明。当然，光是这些也还不会出什么大问题，谁想他后来竟渐渐地搅和到曹操的家事中去了。

在封建时代，统治者为自己选择接班人是一个极为严肃的问题，而那些有希望成为接班者的人，也不管是兄弟还是叔侄，都会使出浑身解数，所以这种斗争往往是最凶残、最激烈的。但是，杨修却偏偏不识时务地挤到这场危险的赌博里来，而且还忘不了时时地卖弄自己的小聪明。

曹操的长子曹丕、三子曹植，都是曹操选择继承人的对象。曹植能诗赋、善应对，很得曹操欢心。曹操想立他为太子。曹丕知道后，就秘密地请歌长（官名）吴质到府中来商议对策，但又害怕曹操知道，就把吴质藏在大竹片箱内抬进府来，对外只说抬的是绸缎布匹。这事被杨修察觉，他不加思考，就直接去向曹操报告，于是曹操派人到曹丕府前盘查。曹丕闻讯十分惊慌，赶紧派人报告吴质，并请他快想办法。吴质听后很冷静，让来人转告曹丕说："没关系，明天你只要用大竹片箱装上绸缎布匹抬进府里去就行了。"结果可想而知，曹操因此怀疑是杨修帮助曹植来陷害曹丕，十分气愤，就更讨厌杨修了。

还有，曹操经常要试探曹丕、曹植的才干，每每拿军国大事来征询他们的意见，杨修就替曹植写了十多条答案，曹操一有问题，曹植就根据条文来回答，因为杨修是相府主簿，深知军国内情，曹植按他写的回答当然事事中的，曹操心中难免会产生怀疑。后来，曹丕买通曹植的随从，把杨修写的答案呈送给曹操，曹操气得两眼冒火，愤愤地说："匹夫安敢欺我耶！"

又有一次，曹操让曹丕、曹植出邺城的城门，却又暗地里告诉门官不要放他们出去。曹丕第一个碰了钉子，只好乖乖回去。曹植闻知后，又向他的智囊杨修问计，杨修干脆告诉他："你是奉魏王之命出城的，谁敢拦阻，杀掉就行了。"曹植领计而去，果然杀了门官，走出城去，曹操知道以后，先是惊奇，后来得知事情的真相后愈加气恼，于是开始找茬儿除掉这个不知趣的家伙。

机会果然来了，建安二十四年（219 年），刘备进军定军山，他的大将黄忠杀死了曹操的爱将夏侯渊，曹操亲自率军到汉中来和刘备决战，但战事不利，要前进害怕刘备，要撤退又怕被人耻笑。一天晚上，护军来请示夜间的口令，曹操正在喝鸡汤，就顺便说了句："鸡肋。"杨修听到以后，便又耍起自己的小聪明来，居然不等上级命令，只管让随从军士收拾行装，准备撤退。曹操知道以后，他竟说："魏王传下的口令是'鸡肋'，食之无味，弃之可惜，正和我们现在的处境一样，进不能胜，退恐人笑，久驻无益，不如早归，所以才先准备起来，免得临时慌乱。"曹操一听，差点气炸了，大怒道："匹夫怎敢造谣乱我军心！"于是喝令刀斧手推出斩首，并把首级悬挂在辕门之外，以为不听军令者戒。

虽然曹操事后不久果真退了兵，但平心而论，杨修之死也确实罪有应得。试想，两军对垒，是何等重大之事，怎么能根据一句口令，就卖弄自己的小聪明随便行动呢？无论有没有前面所说的那些芥蒂，单这一点也足以说明杨修其人是恃才傲物、我行我素，只相信自己，而不考虑事情的后果。杨修的办事为人确实值得考虑，我们只应把他作为前车之鉴，切不可把他当成聪明的楷模。

世上有真聪明与假聪明之分。可惜的是有些人属于假聪明，却并不自知，其结果可想而知。

每个人都有自己的做人原则，有些人可能喜欢平淡从容，有些人可能喜欢锋芒毕露。我们会发现踏踏实实的人很容易与人共处，而锋芒毕露的人则没有什么太好的人缘。人缘可不是小问题，它的好坏直接影响着你社交的成败。因此，要学会控制住你的聪明。

跟谁都能合得来

人性的细节，一旦发挥过分，就会讨人嫌恶，就无法圆润为人。那么，就不要过分地亲近或疏远任何人。既不要过于亲近比你高的、尊贵的人，也不要过于疏远那些地位比较低的人。尽管人们的社会角色和社会地位不同，但每个人都需要受到尊重，维护面子的精神需求是一致的。如果你忘记了这一事实，与他们交际时，对“重要人物”谦卑有加，而对其他人却毫不在意，则会刺伤后者的自尊，失去一大批人，这样的人际代价是很不值得的。

有这样一场家宴：宴席上坐着男主人、男主人单位的领导及几位同事，圆桌上的酒菜已经摆得让人感觉十分满意了，可是，围着花布裙的主妇还是一个劲地上菜，嘴上一直对领导说：

“没有什么好吃的，请领导对付着用点！”

男主人则站起来，把领导面前吃得半空的菜盘撤掉，接过热菜又放在他面前，热情有余地给领导夹菜、添酒，而对其他同事只是敷衍地说声“请”。

面对这样“尊卑有别”的款待，试想，男主人的几位同事将作何感想？即便不觉得难堪，也会觉得主人对他们招待不周。也许未等宴席告终，有些同事就“有事”告辞了。

像这样的宴席，男主人眼里只有领导，而怠慢他人，使同事们的自尊心和面子受到损伤，非但不能增进主客间的友谊，反而会造成心理隔阂，稍作权衡就会发现如此尊卑有别的待客之道实属不智之举。

圆润处世时，不能过分亲近权势，亲近权势大的、疏远权势小的，等于是从中挑拨，必将导致两势相争。两者取其中，“公事公办”，不搞拉拉扯扯那一套，也不要把精力和心思花费在研究某某“背景”之上。以权势视其关系亲疏，实则是亲一时、疏一世。凡是这样“套”来的亲，没有长久的。因此，权势本身就不是永恒的，而是无常的。那么，以此为筹码的亲疏一定不会长远，这是必然的。真正做到不以权势为标准来决定亲疏远近十分了不起，那是真正“禅”透了、想开了，那才是圆润为人之道。

汉代有一位非常有名的清廉又重义的人，叫朱晖。他在读书的时候偶然结识了一位大官张堪，恰是他的同乡。张堪很器重他，但朱晖却因为自己只是一个大学士，不敢与之来往太密。有一次，张堪对朱晖说：“你真是一个自持的人，值得信赖，我愿以身家子妻托付于你。”朱晖因为张堪是一位德高望重的前辈，对此重言不晓得做什么反应，只是恭敬地拱手相应。后来，张堪死了，身后没有留下什么丰厚遗产。朱晖其时早已与张堪无甚交往，但闻讯之后，感于张堪的知遇，竟千方百计地济以钱粮，前去嘘寒问暖。朱晖的儿子对他说：“爸爸，我们以前并不曾听到你与张堪有什么深交，你为何如此善待他的家人？”朱晖回答说：“张堪生前，曾对我有知己相托之言，我当时已有备于心。做人不能分共尊卑欺骗别人，更不能欺骗自己。”

尽管人们在社交中需要分清主次、有轻有重，不可能平均用力、等齐划一，但圆润为人的人，在保证“重点”的时候绝不忽略“一般”。比如，去某单位办事，恰巧遇见了三个都认识的人，好久未见了，其中一位正是自己急于寻找求助办事的，你怎么对待呢？是抓住一人，不计其余，还是逐个关照，热情寒暄一番，然后和其他人说明情况，保证重点？这就是一个技巧。

再如，当你和同一家公司的主管与普通职员会面并交换名片时，一般都会较珍惜主管的名片。因为想要拥有立即可以发挥效用的人际关系，所以目光完全投注于眼前地位最高的人。然而，所谓建立人际关系，务必以更长期性的观点进行思考。所谓同辈的普通职员，未来必定会不断往前突进。而轮到自己将来担当重任时，可以助你一臂之力的正是他们。

因此，如果眼前因为对方职位低下而加以漠视，稍后便会形成阻碍。等到对方变成重要人物之后，即便其不计前嫌，彼此也不可能结成莫逆之交。所以，越是不久后即可能发迹的普通职员，越需要郑重地看待对方。如果光看眼前的职衔，人际关系的建立便会受到限制，看准将来，同谁都合得来，一定可以获得巨大的回馈。

在当今社会，人际交往中流行一句口头禅："好使不?"即：有用吗？尊者，有用，好使则亲；卑者，没用，不好使则疏远。这里的"好使""不好使"和权势有着密切联系。趋炎附势者，都想直接从有权势者那里获取什么功利。"好使"则亲，完全是急功近利，实用主义。人们议论某人实用主义作风，往往说他"尽拣有用的交"，就是这个意思。善于广交朋友，这未必不是好事，说明此人有公关能力。但专拣有权的、有用的交，而不交那些地位低下的无权无势的，与"好使"者亲、与无能的疏远，这就势必在亲情、友情、同志情、人情中夹杂上功利目的。亲疏只要带上尊卑功利色彩，肯定就会出现悲剧，假如人际关系中专以"好使"论亲疏，最终必然会导致弱肉强食、恃强凌弱。圆润为人的为人之道，须持不尊不卑的姿态，与他人和谐相处。

第五章

懂得方圆，长久立世

懂得把握方圆的分寸

方圆之人懂得把握方圆的分寸，该方时方、该圆时圆，即使是在逆境中也能做到宠辱不惊。

公元979年初，宋太宗御驾亲征北汉。北汉皇帝刘继元走投无路，只好投降。面对这巨大的胜利，宋太宗心花怒放、难以自持，他不顾兵疲财缺的现状，主张乘胜伐辽，收回被辽占据的燕云十六州。

宋朝大将潘美反对此议，他对宋太宗恳切地说："我军大胜，此刻决不能志得意满、轻敌冒进。眼下尚需稳定形势、巩固胜果，而且士卒也需休整。"

没等宋太宗说话，总侍卫崔翰却越众而出，大声说："此乃天赐良机，岂可轻易放弃呢？陛下进兵之举甚合民心，必群起响应。我军又是得胜之师，当无坚不摧，伐辽必有胜算。"宋太宗本来就求胜心切，又听崔翰这样讲，便不再犹豫，宋军遂大举北进。宋军快到高梁河时，遭到辽军的伏击，损失惨重，宋太宗也不知去向。

当时，宋太祖赵匡胤的长子、武功郡王赵德昭也随宋太宗亲征。他手下的将领猜测宋太宗不是被杀，就是被俘，于是私下商议立赵德昭为帝。众将讨论过后，齐聚赵德昭的帐中，为首者当面劝赵德昭说："皇上失踪，想必已经蒙难。如今军心不稳，大敌当前，大王如不当机立断，承继大统，恐怕变乱不止。恭请大王迅速登上帝位，号召天下。"

赵德昭面对众将拥立，一时间心动了。他努力使自己镇静下来，没有轻言可否。

赵德昭虽口里没有说什么，心里却是千回百转。他思忖这件事关系重大，万不可因贪求帝位而犯下致命之祸。他又想太宗虽是失踪，终究不能肯定他已蒙难，如果自己轻率即位，太宗若没死，自是不能放过他了，如此自己连性命都将不保。

赵德昭越想越怕，他先前的窃喜一扫而光。他决定以静制动、慎重行事，于是故意作出生气的样子说：“皇上生死未明，大敌当前，你们不思报国杀敌，却在这儿胡言乱语，动摇军心，这是忠臣所为吗？我是皇上的臣子，誓死效忠皇上，岂能受你们唆使干下这大逆不道之事？你们真是昏了头了！”

众将本想赵德昭定然接受，自己也可有拥立之功而飞黄腾达，谁知赵德昭却出言训斥，他们都瞠目结舌，不知如何应对。他们虽自称有罪，但心中怅然若失，面有不快之色。

赵德昭见之一凛，为了安抚众将，不令他们疏远自己，他又低声说：“你们的好意我心领了，可荣辱之事岂可盲动？再说，赵氏江山谁做皇帝都是一样，我岂能趁皇上危难而行己之私呢？倘若皇上真的遭遇不幸，为了宋室江山，我还是不会令各位失望的。”众将气消，皆服其义。第二天早上，宋太宗被杨业父子救回，安然无恙，众将十分佩服赵德昭的慎重。

自古能真正做到宠辱不惊的人，必有宽阔的胸襟和高超的智慧。他们不为荣辱所左右，因此其行为才不会失常失态，凡事才能做出正确的判断和应对。其实，荣辱不仅是暂时的，也是相对的，若是一味好荣厌辱，将之完全对立起来，人在心情大乱之下就难以冷静从事，其结果不免会出现偏差。从思想上淡化荣辱观念，方可让人放下功利思想，真正领略人生的自由境界。

方露锋芒，圆能保身

坚守方正没有错，但是做人如果过于刚直，就失去了做人的弹性，容易得罪人，让自己陷入危险的境地。正如人们经常说的那样：过刚易折。所以，我们在坚守方正的同时，也要保持做人的弹性，把握好“火候”，适可而止，同时也要学会圆融变通，否则受苦的就只有自己。

唐德宗时杨炎与卢杞一度同任宰相。卢杞是一个除了逢迎拍马之外一无所长的阴险小人，而且相貌奇丑无比。而与卢杞同为宰相的杨炎，却满腹经纶、一表人才。

但是，博学多闻、精通时政、具有卓越政治才能的杨炎，虽然具有宰相之能，性格却过于刚直。因此，像卢杞这样的小人，他根本就不放在眼里，从来都不屑与卢杞来往。

为此，卢杞一直怀恨在心，千方百计想要算计杨炎。

正好节度使梁崇义背叛朝廷，发动叛乱，德宗皇帝命淮西节度使李希烈前去讨伐。杨炎认为李希烈为人反复无常，坚决阻挠重用李希烈。

但是德宗已经下定决心，对杨炎说：“这件事你就不要管了!”可是，刚直的杨炎并不把德宗的不快放在眼里，还是一再表示反对任用李希烈，这使本来就对他有些不满的德宗更加生气了。

不巧的是，诏命下达之后，正好赶上连日阴雨，李希烈进军迟缓，德宗又是个急性子，于是就找卢杞商量。卢杞便对德宗说：“李希烈之所以拖延徘徊，正是因为听说杨炎反对他的缘故，陛下何必为了保全杨炎的面子而影响平定叛军的大事呢？不如暂时免去杨炎宰相的职位，让李希烈放心。等到叛军平定之后，再重新起用杨炎，也没有什么大关系！”

卢杞的这番话看似是为朝廷考虑，而且也没有一句伤害杨炎的话，德宗果然听信了，免去了杨炎的宰相职务。

就这样，一味刚直的杨炎因为不愿与小人交往而莫名其妙地丢掉了相位。

用违背道义、逢迎权势的态度来处世，固然会毁坏名气、丧失气节；但一味刚正不阿，不懂得保护与掩藏自己，那么最终受苦的只有自己。所以，我们在维护自己正直的生活态度的时候，也要学会一点圆融，学会掩藏住自己的锋芒，让别人在你身上找不到话柄。

韩世忠和岳飞、张浚都是宋高宗时的抗金名将，高宗因怕这些名将功高盖世，以后难以驯服，所以急于和大金议和，因众将抗金意志坚决，而且在战场上节节胜利，大金在军事上抵御不住岳飞、韩世忠，便在外交上给宋高宗施加压力，说大宋议和没有诚意。

宋高宗听信秦桧的奸计，解除了三人的军权，任命张浚、韩世忠为枢密使，岳飞为枢密副使，用职务上的升迁使三人脱离军队。

后来，秦桧因岳飞多次阻挠他与大金议和的奸计，又屡次出言攻击他，心中怨恨，便罗织罪名把岳飞逮捕入狱，将其害死于风波亭。

当韩世忠听到岳飞被秦桧害死的消息后，义愤填膺当面质问秦桧，岳飞究竟所犯何罪？

秦桧无言以对，支支吾吾地说：“岳飞的儿子岳云给部将张宪写信，让张宪要求朝廷派岳飞回军中，话虽不明白，这事件莫须有。”

韩世忠大怒，厉声说道：“仅凭莫须有三字，何以服天下人心！”遂拂袖而去。

岳飞死后，韩世忠知道自己也难容于秦桧，便请求不再担任枢密使。

韩世忠赋闲之后，口不言兵，每天跨驴携酒、泛游西湖，许多人都不知道这是名震天下的韩元帅。

韩世忠的部将旧属路过杭州时，都来拜访老帅，韩世宗一律不见，平时也绝不和军中大将通报消息，以免被秦桧罗织罪名。

秦桧害死岳飞后，对韩世忠也是恨之入骨，恨不能把他也一并除去。然而，他没想到害死岳飞的民愤会如此之大，自己也感到很害怕，又见韩世忠口不言兵，又和军队断绝往来，也不再出言阻挠自己与大金议和的奸计，既无威胁也无妨碍，便放过了他。

韩世忠懂得适时收起自己的锋芒，才得以保身，可见圆融的重要性。可是在现代社会，很多人却不懂得圆融处世。如果是才华横溢，就可能清高自傲；如果个性十足，就可能一意孤行、我行我素……当我们坚守自己的刚直的时候，很可能已经因为不懂得圆融而得罪了别人，而此刻，那些对你心怀记恨的人很可能就躲在某个角落，等着找你的麻烦。

身处这样的环境中，自然不会舒服。所以，与其过于坚持自己而去得罪别人，不如适当地圆融一点，表面上跟谁都合得来，内心里却有自己的分寸。这样，我们才能在人群中隐藏自己，不至于要时刻提防别人的算计。

优柔寡断难成大事

淮阴侯韩信身经百战，战无不胜、攻无不克，是一员颇具大智大勇的战将。可是，他的“大智大勇”却难以掩盖其优柔寡断的性格。在长达四年的楚汉相争期间，如果韩信既不从项羽也不属刘邦，自树一帜，即可同刘、项形成三足鼎立之势，而且当时的环境也为他自立提供了多次机遇。而正是由于他优柔寡断的性格，最终不仅失去了自立为王的机会，还把命也搭了进去。

韩信率兵伐齐，斩了齐王田广，占领了齐国，不仅扩大了疆域，也壮大了自己的势力。这时，他已有数十万大军，成为举足轻重的人物。当时楚汉相争的形势是，韩信叛刘归项则刘灭，向刘背项则项亡，而如果韩信自树一帜就会形成三足鼎立之势。

在刘邦与项羽相争得最激烈时，诸侯各据一方，或叛项归刘，或背刘降项，或自立为王，群雄逐鹿，各逞其能。在风云变幻的楚汉相争中，英雄辈出，其中就有一个名不见经传的小人物——蒯通，他把当时天下的形势看得极为透彻。他深知“天下权在信”。于是拜见韩信，从当时的形势、韩信所处的环境与他的实力，以及他将来得天下的利益等诸方面苦口婆心地规劝他造反自立。可是韩信考虑了许久还是说：“先生言之有理，容我权衡一下，再做决定。”蒯通见韩信已被自己说服，便告辞了。

蒯通本以为韩信是个胸怀大志的人，将来一定能做出经天纬地的大事业来，可他等了数日，却不见韩信有要自立为王的迹象，便又找到韩信说：“希望将军快做决定，机不可失，时不再来。”韩信当即回答说："先生请不要再费心了。我考虑再三，自从归汉后，刘邦肯把将军大印交给我，统领数万大军，现在又封我为齐王，如果忘恩负义，必遭报应。况且我擒魏豹、平赵、定燕、灭齐，战功赫赫，又一向以忠信对待他，我想汉王不会亏待我的。"

蒯通听后，明知再劝也没用，转身告退。他担心招惹是非，便仰天长叹，佯装疯癫，逃离汉营。

当时，韩信正处于楚汉相争的乱世，为他自树一帜提供了极好的契机；他本人智勇超常，手握重兵数十万，又雄踞齐地，有能力、有把握自立为王；还有蒯通为他出谋划策，蒯通可以说是一位不可多得的谋士，他煞费苦心地规劝、开导，甚至开导到不能再开导的程度。可以说，天时、地利、人和都具备，而他仍然优柔寡断。正如韩信自己所说："我若负德，必至不祥。"后来的事实证明，他的命运果然"不祥"，但绝不是因"负德"，而是由于他优柔的性格所致，岂不是咎由自取？

后来韩信又一次错失良机。刘邦追杀项羽旧部钟离昧，韩信出于同乡之谊收留了他。这招致了刘邦的不满，而此时韩信若能当机立断，肯与钟离昧联手共同抗汉，那不仅保护了钟离昧的性命，他自己日后也能幸免于难。可惜的是，韩信在这次机遇面前仍犹豫不决，于是不仅失去了朋友，又眼睁睁地失去了成功的机会。

韩信不听蒯通的规劝，不理钟离昧的指点，只因他优柔寡断的性格，致使两次机遇都失去了。

也许，对于优柔性格的韩信来说，最理想的行为方式就是让别人先反，自己在一旁优柔地观看，败则与己无关、胜则乘势而起，韩信确实这样做了。然而，刘邦和吕后却不优柔，他们快刀斩乱麻，诱杀了韩信。

韩信由于优柔而被杀，其实他到死都没有真反，而只是在犹豫，直到临死一刻，韩信才仰天长叹："悔不听蒯通言，反被女人以计诛杀，呜呼哀哉！"

有些素质、人品及机会都很好的人，就是因为寡断的性格，一生也就给糟蹋了。美国化工协会会长、美国 **FMc** 公司总裁威廉·沃特说：“如果一个人永远徘徊于两件事之间，对自己先做哪一件犹豫不决，他将会一件事情都做不成。”的确，如果一个人在一种意见和另一种意见、这个计划和那个计划之间跳来跳去，像风标一样摇摆不定，每一阵微风都能影响它，那么，这样的人肯定是性格软弱、没有主见的人，他在任何事情上都只能是一无所成，无论是举足轻重的大事还是微不足道的小事，概莫能外。

中庸是做人处事的圆融之道

古人云："恩不可过，过施则不继，不继则怨生；情不可密，密交则难久，中断则有疏薄之嫌。"意思是施恩不可以过分，因为过分施舍是不能永远持续下去的，一旦中断施舍就会有怨恨产生；交情不可以过于密切，因为密切的交往是很难保持永久不变的，一旦中断，就让人有疏远冷淡的嫌疑。从中我们可以明白，任何事情都要讲究一个"度"，如何能做到中庸，实在是圆融变通的一门大学问。

有一次，孔子的弟子子贡在跟孔子谈论师兄弟们的性格及优劣时，忽然向孔子提了个问题："先生，子张与子夏两人哪一个更好些呢？"两人都是孔子的得意弟子。

孔子想了一会儿，说："子张过头了，子夏没有达到标准。"

子贡接着说："是不是子张要好些呢？"

孔子说："过头了就像没有达到标准一样，都是没有掌握好分寸的表现。"这就是"过犹不及"的出处。

另有一次，孔子带领弟子们在鲁桓公的庙堂里参观，看到一个特别容易倾斜翻倒的器物。孔子围着它转了好几圈，左看看，右看看，还用手摸摸、转动转动，却始终拿不准它究竟是干什么用的。于是，就问守庙的人："这是什么器物？"

守庙的人回答说："这大概是放在座位右边的器物。"

孔子恍然大悟，说："我听说过这种器物。它什么也不装时就倾斜，装物适中就端端正正的，装满了就翻倒。君王把它当作自己最好的警戒物，所以总放在座位旁边。"

孔子忙回头对弟子说："把水倒进去，试验一下。"

子路忙去取了水，慢慢地往里倒。刚倒一点儿水，它还是倾斜的；倒了适量的水，它就正立；装满水，松开手后，它又翻了，多余的水都洒了出来。孔子慨叹说："哎呀！我明白了，哪有装满了却不倒的东西呢！"

子路走上前去，说："请问先生，有保持满而不倒的办法吗？"

孔子不慌不忙地说："聪明睿智，用愚笨来调节；功盖天下，用退让来调节；勇猛无比，用怯弱来调节；富甲四海，用谦恭来调节。这就是损抑过分，达到适中状态的方法。"

子路听得连连点头，接着又刨根究底地问道："古时候的帝王除了在座位旁边放置这种器物警示自己外，还采取什么措施来防止自己的行为过火呢？"

孔子侃侃而谈道："上天生了老百姓又定下他们的国君，让他治理老百姓，不让他们失去天性。有了国君又为他设置辅佐，让辅佐的人教导、保护他，不让他做事过分。因此，天子有公，诸侯有卿，卿设置侧室之官，大夫有副手，士人有朋友，平民、工、商，乃至干杂役的皂隶、放牛马的牧童，都有亲近的人来相互辅佐。有功劳就奖赏，有错误就纠正，有患难就救援，有过失就更改。自天子以下，人各有父兄子弟，来观察、补救他的得失。太史记载史册，乐师写作诗歌，乐工诵读箴谏，大夫规劝开导，士传话，平民提建议，商人在市场上议论，各种工匠呈献技艺。各种身份的人用不同的方式进行劝谏，从而使国君不至于骑在老百姓头上任意妄为，放纵他的邪恶。"

子路仍然穷追不舍地问："先生，您能不能举出个具体的君主来？"

孔子回答道："好啊，卫武公就是个典型人物。他九十五岁时，还下令全国说：'从卿以下的各级官吏，只要是拿着国家的俸禄、正在官位上的，不要认为我昏庸老朽就丢开我不管，一定要不断地训诫、开导我。我乘车时，护卫在旁边的警卫人员应规劝我；我在朝堂上时，应让我看前代的典章制度；我伏案工作时，应设置座右铭来提醒我；我在寝宫休息时，左右侍从人员应告诫我；我处理政务时，应有人开导我；我闲居无事时，应让我听听百工的讽谏。’他时常用这些话来警策自己，使自己的言行不至于走极端。”

众弟子听罢，一个个面露喜色。他们从孔子的话中明白了一个道理：在任何情况下，人们都要调节好自己，使自己的一言一行合乎标准，不过分，也不要达不到标准。

中庸，在孔子和整个儒家学派里，既是很高深的学问，又是很高深的修养。追求恰到好处、适可而止，这是做人处事的圆融之道，是一种境界、一种哲学观念。比如吃饭，餐餐都应恰到好处，每顿饭不要因饭菜不好而饿肚子，也不要因饭菜特好而把肚皮撑得鼓鼓的，适可而止，就能永远保持健康的胃口。

值得说明的是，孔子讲的中庸，绝不是无谓的折中、调和，而是指为人处世应该慎重选择一种角度、一种智慧。有一些人认为孔子讲的中庸就是不讲原则，那是对“中庸”思想的误解。中庸思想的本质是过犹不及、适可而止。

懂得方圆才能长久立世

方，方方正正，有棱有角，指一个人做人做事有自己的主张和原则，不被人所左右。圆，圆融世故，融通老成，指一个人做人做事讲究技巧，既不超人前也不落人后，或者该前则前、该后则后，能够认清时务，使自己进退自如、游刃有余。方圆之道其实就是一种变通智慧。

一个人如果过分方方正正、有棱有角，必将碰得头破血流；但是一个人如果八面玲珑、圆融透顶，总是想让别人吃亏而自己占便宜，也必将众叛亲离。因此，做人必须方外有圆、圆内有方，变通行事。

外圆内方之人，有忍的精神，有让的胸怀，有貌似糊涂的智慧，有形如疯傻的清醒，有表面看是错的对，有看似吃亏的受益，有形如舍的得……

商界有巨富，官场有首脑，世外有高人。他们的成功要诀就是灵活变通，精通了何时何事可方、何时何事可圆的为人处世技巧。

“书圣”王羲之的家族，是东晋有名的望族，他的伯父王敦当时任大将军，掌管东晋的兵马大权。王敦虽已位极人臣，享尽荣华，但他的野心很大。王敦从未放弃过做皇帝的欲望，而他的谋士钱凤则一直在给王敦鼓动打气。二人气味相投，经常在一起商讨篡权之事。

一天早晨，王敦刚刚起床不久，钱凤就急急地来找他。二人关起门来，谈起了“谋反”的机密。

钱凤用极为神秘的口气，对王敦说着一些他刚掌握的动向。二人谈了好一阵子。王敦听了钱凤带来的情报，非常激动，猛地站起身，正要开口说话，突然又停了下来。

他透过窗子，看到对面房间里垂着的帐子动了一动。这使他想起侄儿王羲之还在床上睡觉。

王羲之这年才十一二岁，平时最受王敦器重。王敦把聪明机灵、悟性极高的王羲之看作是王家的接班人。他经常把王羲之带在身边，留在自己府中生活。这一次，王羲之已连续几天吃住在王敦家中了。他的卧室恰好紧挨着客厅。当钱凤到来时，因为双方都紧张，王敦便把王羲之在屋里睡觉的事忘得一干二净，直到这时才想起来。王敦大惊失色，对钱凤说："羲之还在这里睡觉。我们刚才说的话，让他听去了可怎么办?"

经王敦这么一说，钱凤也急了，他说："大将军，计划泄漏出去，我们会死无葬身之地！量小非君子，无毒不丈夫啊！干脆一不做，二不休……"

听了钱凤的话，王敦想了又想，到最后终于心一横说："对，不能儿女情长。"转头向着王羲之睡觉的那个房间点点头："羲儿呀，你就莫怪我这做伯伯的无情无义了！"王敦说着，拔出了宝剑，提剑直奔王羲之睡觉的床前。

王敦撩起帐子，忽然看见王羲之睡得正香甜。

王敦掀起帐子，王羲之也毫无反应。王敦看着十分钟爱的侄儿，庆幸自己的密谋并没有被侄儿听去，于是，打消了杀侄儿的念头。王敦收回宝剑．插入鞘中，走了出去。

其实打钱凤进门时起，王羲之就醒来了，无意中偷听到了伯父与钱凤的话。很快，王羲之便意识到自己的处境非常危险，幸亏他及时使自己平静下来，神态自若，完全像睡着一样，一点破绽也没有露出来，王敦才没有下手。

大难临头，不懂得圆融的人就不懂得隐藏自己，更不知道平复自己的情绪，镇静地面对危难。所以，懂得圆融，不仅仅是为了与人相处融洽，更多的时候是为了保护自己。

做事情，难免会遇到阻力。不懂圆融的人，总是喜欢斤斤计较、处处与人发生摩擦，即便他本领高强、聪明过人，也往往会使自己壮志难酬、事业无成。总呈现出棱棱角角，容易碰壁，为了减少前进中的阻力，为了集中精力去实现自己的理想和愿望，必要时，我们应该做出某种让步或妥协，即用圆的方法去取代方的精神，当然我们也不能把方全丢了。

人们活在复杂的社会当中，像舟行于江河，处处有“风浪”、有阻力，而一个人如果时时事事以方处之、以硬碰硬，竭尽全力与阻力相较量、相抵抗，甚至拼个你死我活，这样做的结果，不仅精力难以承受，而且树敌也会太多。与其如此，何不适当地用些圆的方法，积极地去设法排除一些困难或减少部分阻力，这样就能使通向成功的道路上少几块绊脚石。

行事为人，过于方正可能会树敌过多或显得不近人情而伤了别人；然而，过于婉转又容易被人说成圆融，所以行方圆之道要掌握“火候”，这就是变通的精髓。总而言之，无论是软硬兼施也好，有方有圆也罢，都要记住“无方不成圆”，在坚持方正原则中以圆融处世，做人做事懂得变通，这才是在社会上长期立足的秘诀。

圆应懂得与人分享

圆融的人会放下自己的利益去迎合别人，当然也会懂得与人分享。在分享的过程当中，圆融的人看似付出了很多，可是他们从对方身上得到的要比那些只懂得死守自己利益的人要大得多。

从前，有两个饥饿的人得到了一位长者的恩赐：一根鱼竿和一篓鲜活硕大的鱼。一个人要了一篓鱼，另一个要了一根鱼竿。于是，他们分道扬镳了。得到鱼的人原地就用干柴搭起篝火煮起了鱼，他狼吞虎咽，还来不及品出鲜鱼的肉香，转瞬间，连鱼带汤就被吃了个精光。不久，他便饿死在空空的鱼篓旁。另一个人则提着鱼竿继续忍饥挨饿，一步步艰难地向海边走去，可当他已经看到不远处那片蔚蓝色的海洋时，浑身一点力气也没有了，他也只能带着无尽的遗憾撒手人寰。

又有两个饥饿的人，他们同样得到了长者恩赐的一根鱼竿和一篓鱼。只是他们并没有各奔东西，而是约定共同去找寻大海，他俩每次只煮一条鱼，经过长途跋涉，他们终于来到了海边。

从此，两个人开始了捕鱼为生的日子。几年后，他们盖起了房子，有了各自的家庭、子女，有了自己建造的渔船，过上了幸福安康的生活。

从上面的故事中我们可以看出，只想着自己的人，往往要承受更多的痛苦。而只有懂得与人分享，才能体会到更多的快乐。

一位生前经常行善的基督徒见到了上帝，他问上帝天堂和地狱有何区别。于是，上帝就让天使带他到天堂和地狱去参观。

到了天堂，他们面前出现了一张很大的餐桌，桌上摆满了丰盛的佳肴。围着桌子吃饭的人都拿着一把十几尺长的勺子。

不过令人不解的是，这些可爱的人们都在相互喂对面的人吃饭。看得出，每个人都吃得很愉快。天堂就是这个样子呀！他心中非常失望。

接着，天使又带他来到地狱参观。出现在他面前的是同样的一桌佳肴，他心中纳闷：地狱怎么和天堂一样呀！天使看出了他的疑惑，就对他说："不用急，你再继续看下去。"

过了一会儿，用餐的时间到了，只见一群骨瘦如柴的人来到桌前入座。每个人手上也都拿着一把十几尺长的勺子。可是由于勺子实在是太长了，每个人都无法把勺子内的饭送到自己口中，这些人都饿得大喊大叫。

以上两个小故事很简单，却向我们揭示了同样一个道理：当你将自己的东西分享给别人的时候，你其实是在利用另一种方式获得。因为别人会因为从你这里有所得而对你感恩，他们回报你的，将可能会比你付出的多出很多倍。

我们生活在一个崇尚合作的世界上，一个人价值的体现往往就维系在与别人互助的基础之上。许多时候，与人分享自己所拥有的，我们才能找到自己的位置和方向，也才能使自己的价值最大化。

一家有影响的公司招聘高层管理人员，12 名优秀应聘者经过初试，从上百人中脱颖而出，进入由公司老总亲自把关的复试。

老总看过这 12 个人详细的资料和初试成绩后，相当满意。但是此次招聘只能录取 4 个人，所以，老总给大家出了最后一道题。

老总把这 12 个人随机分成甲、乙、丙三组，指定甲组的 4 个人去调查本市婴儿用品市场，乙组的 4 个人调查妇女用品市场，丙组的 4 个人调查老年人用品市场。老总解释说："我们录取的人是用来开发市场的，所以，你们必须对市场有敏锐的观察力。让大家调查这些行业，是想看看大家对一个新行业的适应能力。每个小组的成员务必要全力以赴!”临走的时候，老总补充道：“为避免大家盲目开展调查，我已经叫秘书准备了一份相关行业的资料，走的时候自己到秘书那里去取。”

两天后，12个人都把自己的市场分析报告送到了老总那里。老总看完后，站起身来，走向丙组的4个人，与之一一握手，并祝贺道：“恭喜4位，你们已经被本公司录取了!”老总看见大家疑惑的表情，平静地解释道：“请大家打开我叫秘书给你们的资料，互相看看。”原来，每个人得到的资料都不一样，甲组的4个人得到的分别是本市婴儿用品市场过去、现在和将来的分析，其他两组的也类似。老总说：“丙组的4个人很聪明，互相借用了对方的资料，补全了自己的分析报告。而甲、乙两组的8个人却分别行事，抛开队友，自己做自己的。我出这样一个题目，其实最主要的目的是想看看大家的团队合作意识。甲、乙两组失败的原因在于，他们没有合作，忽视了队友的存在！要知道，团队合作精神才是现代企业成功的保障!”

人生的成功与否往往取决于是否善于与他人分享自己所拥有的。自私的人往往对他人漠不关心，他们只在意自己的“一亩三分地”，只管攫取，从不奉献。这样的人终其一生也不会获得较大的成功。

工作中的失败者常常抱着“我赢你输”的态度，最后往往会得到“谁也没赢”的结果。而真正的胜利者则具有“大家一起赢”的态度：“如果我帮助你获胜，那么我也就胜利了。”

圆融才会办成事

在求别人办事时，你可能会遇到这种情况：当你满怀希望地向他人提出要求时，却当场遭到对方的拒绝，碰了软钉子，那场面是很令人难堪的。这种被拒绝而产生的尴尬，往往使你感到心灰意冷、失落、心理失衡，甚至会出现不正常心理，比如记恨或报复，因而影响到彼此之间的关系。

在现实生活中，造成尴尬的原因有很多，有些是无法预见、难以避免的，但有些却是可以通过自己的努力避免的。从办事的角度来看，避免尴尬也是办事能力的组成部分。懂得并力争避免不必要的尴尬场面的出现，是每一个办事高手都应该掌握的。

远行之人，前有高山挡路、石头绊脚，自然会想办法绕过去，或动脑筋另辟蹊径。这种做法应用在求人办事里，便是绕着圈子达到目标，避免碰到钉子。

换言之，求人办事若想避免碰钉子，便得拐弯抹角地去讲一些话；有些人不易接近，就少不了逢山开道、遇水搭桥；搞不清对方葫芦里卖的什么药，就要投石问路、摸清底细；有时候为了使对方减轻敌意、放松警惕，我们便绕弯子、兜圈子，甚至用“顾左右而言他”的迂回战术将其套牢。

生活中的不少人是“直肠子”“一根筋”，这种人在办事时更多地表现为“碰到南墙不回头”，十头牛也拉不回来。这样的人最该学点迂回战术，让自己的大脑能多转几个圈子。

举个简单的例子：某些以鱼类为生的鸟类，其嘴的形状直直的，上下两部分又长又宽阔。在吞吃食物时，有的常常把捕到的鱼儿往空中一抛，让那条鱼头朝下尾朝上落下来，然后一口接住吞下去，这样的吃法可以使鱼在通过咽喉时，鱼翅的骨头由前向后倒，不会卡在喉咙里。

求人办事也一样会碰到各种“刺儿”，这个时候便不能“直肠子”，而应该想办法兜个圈子、绕个弯子，避开钉子。这是求人办事应该具备的策略和手段。连鸟都会“把鱼倒过来吃”，聪明人怎么能让“刺”卡在喉咙中呢?

有位编辑向一位名作家约稿。那位作家一向以难对付著称，已经有许多人在他面前碰了钉子，所以这位编辑在去他家之前感到既紧张又胆怯。

刚开始时，这位编辑失败了，因为不论作家说什么话，这位编辑都说“是，是”，或者“可能是这样的”。无法开口说明要求他写稿的事，于是他只好准备改天再来向他说明这件事。

就在他起身准备告辞时，脑中突然闪过一本杂志，这本杂志上刊载了有关这位作家近况的文章，于是就对作家说：“先生，听说你有篇作品被译成英文在美国出版了，是吗?”作家猛然侧过身来说道：“是的”。“先生，你那种独特的文体，用英语不知道能不能完全表达出来?”“我也正担心这点。”他们滔滔不绝地说着，气氛也逐渐变得轻松，最后作家很自然地答应为编辑写稿子。

这位不轻易应允的作家，为什么会为了编辑的一席话而改变了原来的态度呢？因为他认为这位编辑并不只是来要求他写稿，而是读过他的文章，对他的事情十分了解，所以不能随便应付。就这样，那位编辑不仅没有碰钉子，还成功地约到了稿子。

总之，在求人办事时应该多绕几个圈子，这样才能保证你在求人办事中得到最大的实惠，少碰些钉子。

第六章

方圆处世，刚柔并济

身处弱势，处变不惊

然而，世上不可能有永远一帆风顺的事。只许成功不许失败，实际上背离了事物演进的法则。常言道，失败是成功之母。失败是登上成功顶峰的阶梯，人非生而知之，只有在经历了失败之后才会发现不足，才能获得提高。卡耐基说："迈向成功的路是由一次又一次的失败铺起来的。"

当你处于弱势的时候，不要气馁，凡事都会有转机，只要坚持努力，成功终会属于你。

李嘉诚在1998年接受香港电台访问时说道："在逆境的时候，你要自己问自己足否有足够的条件。当我自己处于逆境的时候，我认为我够！因为我有毅力……肯建立一个信誉。"所以在创业之初，他并没有大量地扩大再生产的资金，在竞争十分激烈的商场上他并没有气馁。

有一次，一位开发商看中了他的产品，约他次日到酒店商谈合作。翌日，李嘉诚带着样品到了批发商下榻的酒店。

批发商大为赞赏这9款样品，声言是他所见到过的最好的产品。望着李嘉诚通宵未眠熬得通红的双眼，批发商心里便明白了一切。

他拍拍李嘉诚的肩膀说："我欣赏你的办事作风和效率。我们开始谈生意吧?"

李嘉诚坦率直言："谢谢您的厚爱。我非常非常希望能与先生做生意。可我又不得不坦诚地告诉您，我实在找不到殷实的厂商为我担保，十分抱歉。"

接下来，李嘉诚诚恳地对批发商谈了长江公司白手起家的发展历程和现在的状况，请批发商相信他的信誉和能力。

李嘉诚的经商原则引发了批发商的共鸣。批发商相信自己的判断，他确定合伙人就是这个诚实而又深富潜力的年轻人。他微笑着对李嘉诚说：

“你不必为担保的事担心了。我替你找好了一个担保人，这个担保人就是你自己。”

接下来，谈判在轻松的气氛中进行，很快便签了第一单购销合同。按照协议，批发商提前交付货款，基本上解决了李嘉诚扩大生产的资金问题。

身处弱势而不气馁，仍坚持自己的理想与抱负的人古往今来都不缺少，下面的例子是关于鬼谷子的两个徒弟张仪和苏秦的故事。

张仪，魏国贵族后裔，学纵横之术，主要活动应在苏秦之前，是战国时期著名的政治家、外交家和谋略家。战国时，列国林立，诸侯争霸，割据战争频繁。各诸侯国在外交和军事上，纷纷采取“合纵连横”的策略。或“合纵”“合众弱以攻一强”，防止强国的兼并；或“连横”，“事一强以攻众弱”，达到兼并土地的目的。张仪正是作为杰出的纵横家出现在战国的政治舞台上，对列国兼并战争形势的变化产生了较大影响。秦惠文君九年（前329年），张仪由赵国西入秦国，凭借出众的才华被秦惠王任为客卿，筹划谋略攻伐之事。次年，秦国仿效三晋的官僚机构开始设置相位，称相邦或相国，张仪出任此职。他是秦国置相后的第一任相国，位居百官之首，参与军政要务及外交活动。从此开始了他的政治、外交和军事生涯。

秦惠文王更元二年（前323年），为了对抗魏惠王的合纵政策，进而达到兼并魏国国土的目的，张仪运用连横策略，与齐、楚大臣会于啮桑（今江苏沛县西南）以消除秦国东进的忧虑。张仪从啮桑回到秦国，被免去相位。秦惠文王更元三年，魏国由于惠施联齐，楚没有结果，不得不改用张仪为相，企图连秦、韩而攻齐楚。其实，张仪的最终目的是想让魏国做依附秦国的带头羊。由于连横威胁到了各国，秦惠文王更元六年（前 319 年）魏国人公孙衍受齐、楚、韩、赵、燕等国的支持，出任魏相，张仪被驱逐回秦。秦惠文王更元八年（前 317 年）张仪再次任秦相国。九年，秦惠王接受司马错的建议，遣张仪、司马错等人率兵伐蜀，取得胜利，旋即又灭巴、苴两国。这样，泰国占据了富饶的天府之国，有了巩固的大后方，为秦国的经济发展和军事战争提供了有利条件。秦惠文王更元十二年（前 313 年）秦惠王想攻伐齐国，但忧虑齐、楚会结成联盟，便派张仪入楚游说楚怀王。张仪利诱楚怀王说："楚诚能绝齐，秦愿献商於之地六百里。"楚怀王听信此言，与齐断绝关系，并派人入秦受地，张仪对楚使说："仪与王约六里，不闻六百里。"楚国的使臣返回楚国，把张仪的话告诉了楚怀王，楚怀王一怒之下，兴兵攻打秦国。秦惠文王更元十三年（前 312 年）秦兵大败楚军于丹阳（今豫西丹水之北），虏楚将屈丐等 70 多人，攻占了楚的汉中，取地六百里，置汉中郡（今陕西汉中东）。这样，秦国的巴蜀与汉中连成一片，既排除了楚国对秦国本土的威胁，也使秦国的疆土更加扩大，国力更加强盛。《史记 · 张仪列传》中说："三晋多权变之士，夫言纵横强秦者大抵皆三晋之人也。"无疑，张仪是其中最杰出的一个。

鬼谷子的另一个徒弟苏秦，字季子，他出身低微，少有大志，曾随鬼谷子学游说术多年。后辞别老师，下山求取功名。苏秦先回到洛阳家中，变卖家产，然后周游列国，向各国国君阐述自己的政治主张，希望能施展自己的政治抱负，但无一个国君欣赏他。苏秦只好垂头丧气，穿着旧衣破鞋回到洛阳。洛阳的家人见他如此落魄，都不给他好脸色，连苏秦央求嫂子做顿饭，嫂子都不给做，还狠狠训斥了他一顿。苏秦从此振作精神，苦心攻读。他把头发束住吊在房梁上，用锥子刺自己的腿，"头悬梁，锥刺骨"的典故便由此而来。一年后，苏秦分析了当时的政治形势，开始二次周游列国。这回，其终于说服了当时的齐、楚、燕、韩、赵、魏六国合纵抗秦，并被封为"纵约长”，做了六国的丞相。当此时的苏秦衣锦还乡后，他的亲人一改往日的态度，都“四拜自跪而谢”。

人生不可能是一帆风顺的，在处于弱势的时候要处变不惊、波澜不兴，或蛰伏，或争取，努力充实完善自己，成功则指日可待。

妥协是以退为进的智谋

一个人一生中做的最多的事恐怕就是妥协了。人每时每刻无处不妥协。妥协是现实人生的一个事实。

人生就是要不断地妥协，人生就是一个巨大的妥协；人际关系更是一种妥协，一种没有商榷余地的妥协。可是，虽然人们无时不在使用它，但人们对它却不太熟悉、不太知道，知道了也不爱承认它。在年轻气盛时，更不愿正视妥协，以妥协为耻。殊不知，妥协不仅是现实人生的一个铁的事实，更是一种理性、一种策略、一种绝高的社交智慧。如果我们把发展看成是人生的硬道理，那么妥协便是发展的硬道理。

19 世纪中期的美国，在木材行业中，经营规模很大而又获得成功的人为数很少，其中经营得最好的莫过于费雷德里克·韦尔豪泽。

1876 年，韦尔豪泽意识到，如果没有伐木的权力，木业公司就会衰落。于是，他就开始实行一个大规模购买林地的计划，他从康奈尔大学买进 5 万英亩土地，后来又陆续买进了大量土地。到 1879 年，他管辖的土地大约有 30 万英亩。而正在此时，一个重要的木业公司——密西西比河木业公司吸引了韦尔豪泽的注意力。该公司具有很多土地及良好的木材，由于经营方法不对，导致公司效益不好。于是，韦尔豪泽决心收购该公司。在经过双方的接触后，双方同意促成这个买卖。

在收购该公司的价钱上，双方展开了一场激烈谈判。按该公司的要求，出价为 400 万美元，而韦尔豪泽则千方百计想把价钱压得低一点。于是，他委派一名助手与该公司谈判，要求只给200万美元，态度异常坚决，并大讲道理。在经过双方的激烈争执后，韦尔豪泽闪亮登场，以一个中间人的身份出现．建议二者都做出一些让步，并提出了自己的方案，声明：若就此方案也达不成协议，你们不必继续谈判了。卖方正在苦恼之时，看到有些“松动的”迹象，自是十分欣喜。这样，只做了小的修改即达成协议，而买方所得的条件也比原来料想的要好得多，最终以250万美元成交。

他的“妥协”收到的效果显而易见。从此，韦尔豪泽的事业如虎添翼，20世纪初，费雷德里克·韦尔豪泽通过对木材业的各方面控制，使其公司成长为一个强大的木材帝国。

妥协与让步在谈判中是一种常见现象。妥协与让步不是出卖自己的利益，而是为了获得更大的利益而放弃小利益，可见让步是必要的。但是，妥协与让步也要讲究原则与尺度。

不要过早妥协与让步。太早，会助长对方的气焰。待对方等得快要失去信心时，你再考虑让步。在这个时候做出哪怕一点点让步，都会刺激对方对谈判的期望值。

你率先在次要议题上做出妥协与让步，促使对方在主要议题上做出让步。

在没有损失或损失很小的情况下，可考虑妥协与让步。但每次让步都要有所收获，且收获要远远大于让步。

让步时要头脑清醒，知道哪些可让、哪些绝对不能让，不要因为妥协与让步而乱了阵脚。每次让步都有可能损失一大笔钱，应掌握让步的艺术，减少你的损失。

每次以小幅度妥协与让步，获利较多。如果让步的幅度一下子很大，并不见得使对方完全满意。相反，他见你一下子做出那么大的让步，也许会提出更多的要求。

有时候，妥协还可以保住性命。

大家都听过“杯酒释兵权”的故事。

宋太祖赵匡胤.黄袍加身建立北宋后，为防止被人夺权，就在一次宴席上对昔日为他打下江山的功臣们说："以前的日子多好！白天厮杀，夜晚倒头就睡。哪像现在这样，夜夜睡觉不得安宁！"众兄弟一听，关心地问："怎么睡不稳？"赵匡胤说："这不明摆着吗，咱们是把兄弟，我这个位子谁也能坐，而又有谁不想坐呢？"大家面面相觑，感到了事态的严重。赵匡胤说："你们虽然不敢，可难保手下人不这么想。一旦黄袍加在你们身上，就由不得你们了。"大家一听，明白赵匡胤已在猜忌大家。吓得在地上叩头不敢起身，求赵匡胤想个办法。赵匡胤说："人生短暂，大家跟我苦了半辈子，不如多领点钱，回家过个太平日子，那多幸福。"大家忙点头答应。

第二天，旧日的那些功臣们一个个请求告老还乡，交出兵权，领到一笔钱回家去了。

在日常生活中，学会适当妥协，可以让你避免许多麻烦。美国心理学家卡耐基常常带一只叫雷斯的小猎狗到公园散步。他们在公园里很少碰到人，再加上这条狗友善而不伤人，所以，他常常不给雷斯系狗链或戴口罩。

有一天，他们在公园遇见一位骑马的警察。警察严厉地说：

"你为什么让你的狗跑来跑去而不给它系上链子或戴上口罩？你难道不知道这是犯法吗？"

"是的，我知道。"卡耐基低声地说，"不过，我认为他不至于在这儿咬人。"

"你不认为，你不认为！法律是不管你怎么认为的。它可能在这里咬死松鼠，或咬伤小孩。这次我不追究，假如下次再被我碰上，你就必须跟法官解释了。"

可是，他的雷斯不喜欢戴口罩，他也不喜欢它那样。一天下午，他和雷斯正在一座小山坡上赛跑，突然，他看见执法大人正骑在一匹红棕色的马上。

卡耐基想，这下栽了！他决定不等警察开口就先发制人。他说：

“先生，这下你当场逮到我了。我有罪。你上星期警告过我，若是再带小狗出来而不替它戴口罩，你就要罚我。”

“好说，好说，”警察回答的声调很柔和，“我知道在没人的时候，谁都忍不住要带这样的小狗出来溜达。”

“的确忍不住，”卡耐基说道，“但这是违法的。”

“哦，你大概把事情看得太严重了。”警察说，“我们这样吧，你只要让它跑过小山，到我看不到的地方，事情就算了。”主动妥协让他避免了责罚。

人们往往只强调毫不妥协的精神，可事实上，学会妥协在人际交往中十分重要。

人们要正视这个事实，学会妥协的睿智和技巧。事实上，人生极需要这种技巧、智慧和策略。在低调对待的妥协社交中，人们才会有双赢的可能，人们也才会避免两败俱伤的结果。学会妥协，是人生的大学问。其实，妥协就是以退为进的智谋。我们中国古人很懂这个道理，他们总是以表面上的退让、割舍和失败来换取对方的利益认可，从而在根本上保证自己更长远或更大方面的利益。

刚柔并济是为人处世之策

老子在《道德经》中云："人之生也柔弱，其死也坚强。草木之生也柔脆，其死也枯槁。故坚强者死之徒，柔弱者生之徒。是以兵强则灭，木强则折。强大处下，柔弱处上。"由此可见，柔的力量是惊人的。将柔性运用于为人处世之中，往往能够无往不利、出奇制胜。

东汉末年，夺取西川是刘备的既定方针和基本战略目标。但是"蜀道之难，难于上青天"，欲取西川，必须先获取西川地理图本，以便详细了解西川的复杂地形。正当刘备筹备之时，益州别驾张松来了。张松本来是奉刘璋之命携带金珠锦绮为进献之物前往许都的，任务是联结曹操，共治张鲁。行前，张松还有一个打算，随身暗藏画好的西川地理图本，到许都伺机而行。张松的行迹，诸葛亮早派人随时打听着。没想到他到许昌之后，曹操表现出一副骄横傲慢的样子，对他的游说反应十分冷淡。一气之下，他挟图离开了许昌。可是他离开益州时在刘璋面前夸过海口，这次倘若无功而返、空手而归，又怕被人取笑。他突然想到：早就听说荆州的刘备仁高义厚、美名远播，我何不绕道走一趟荆州，看看刘备究竟是何等人物，然后再作定夺，于是改道来到荆州。

刘备一连留张松饮宴三日，从不提起川中之事。张松告辞准备返回益州，刘备又设宴送行。刘备亲自为张松斟酒，嘴里说道："承蒙张大夫不见外，故能留住三天，今日一别，不知何时方得赐教。"说完不觉潸然落泪。张松暗地寻思："刘备如此宽仁爱士，实在难得，我也有些不忍舍他而去，不如劝他径取西川。"于是说道："我也朝思暮想在你鞍前马后侍奉，只是未得其便。据我看来，你现在虽据有荆州，但东面孙权虎视眈眈，北面的曹操又常有鲸吞之意，恐怕不是久居之地呀!”刘备说：“我也知道形势的严峻，但苦于再无别的安身之所啊!”张松又说：“益州地域，地理险塞，沃野千里，乃天府之国。凡有才干的智士仁人，很早就仰慕皇叔你的功德，倘若你愿意率荆州之众，直指西川，则肯定霸业可成，汉室可兴。”刘备一听此言，故作震惊，慌忙答道：“我哪敢有如此妄想。据守益州的刘璋也是帝室宗亲，又长久恩泽西川黎民，别人岂能轻易动摇他?”此时的张松已完全落入刘备和诸葛亮的圈套，而且步步走向圈套的核心还不觉察，一听刘备这番话，更敬佩他的宽仁厚道，于是把心里话掏出来了：“我劝刘皇叔进取西川，并不是卖主求荣，而是今天遇到了明主，不得不一吐肺腑。刘璋虽据有西川之地，但他本性懦弱，且是非难分，又不能任贤用能。况且北面的张鲁时有进犯之意。现在四川人心涣散，有志之人都希望择主而事。我这次本来受命去结交曹操，没想到他傲贤慢士，冷淡于我，一气之下我弃他而来见你。你若是先取西川为基础，然后向北发展图得汉中，最后收取中原，匡扶汉朝，将有名垂青史的大功。你要是愿意进取西川，我张松愿效犬马之劳，以做内应，不知意下如何?”

此时的刘备，见时机成熟，开始收紧套环，进入正题，但仍不露声色，只是无可奈何地说道：“我对你的厚爱表示感谢，无奈刘璋与我同宗，同宗相拼，恐怕会让天下人笑话呀!”此时的张松已是不能自已了，生怕这笔“交易”做不成，错过机会，反过来还去做刘备的动员工作，只见他急切地说道：“大丈夫处世，理当建功立业，哪能如此瞻前顾后、婆婆妈妈的。今天你若不取西川，他日为别人所取，那就悔之晚矣了!”直到这时，刘备的谈话才涉及到与地图有关的事。他说道：“我听说西川之地，道路崎岖，千山万水，双轮车无法通过，连匹马并行的路都没有，就算想进军，也苦无良策啊!”张松终于和盘托出了。他忙从袖中取出图，递给刘备说：“我深感皇叔盛德，才献出此图给你，一看此图，便对西川的地形地貌一目了然了。”刘备展开一看，只见上面地理行程、远近阔狭、山川险要、府库钱粮一一俱载明白。刘备见地图到手，自然高兴不已。可张松还嫌不够，进而说道：“我在西川还有两个挚友，名叫法正、孟达，皇叔你欲进西川，他二人也肯定愿意相助。下次他二人若到荆州，你完全可以心腹事相商。”直到这时，这场“索图戏”方得谢幕。

在张松左右不定仍有退路的时候，刘备以厚待之，表现出了做人的柔和。可是当张松已经没有退路一心投靠他的时候，刘备又表现出了强硬的一面，从而顺利地得到了地图。既证实了张松的忠贞，又达到了自己的目的。这就是管理者的刚柔策略。

俗话说，柔弱之水可为滔天巨浪、摧枯拉朽、吞噬一切，可凿岩穿壁、滴水穿石。诚如刘备，柔并不是弱，刚也并非是因为强，刚柔不过是为人处世的一种策略，关键要看人们怎样运用它了。

遭遇困境时能应付自如

我们在社会应酬中，要动用不同的思考模式去对待不同的事情，做到灵活应变、进退自如，方能立于不败之地。

清朝礼部尚书纪昀，才思敏捷，能言善辩。一次，天奇热，他正光着膀子同军机处的几个人伏案工作。突然，门外传来“皇上来了”的声音，穿衣已来不及了，光膀子接驾又恐有亵渎万岁之罪。纪昀急中生智，连忙钻到桌子底下藏了起来。后来听不到皇上说话的声音了，他估计皇上走远了，就在桌子下面问其他几个人：“老头子走了没有?”

这时，坐在椅子上的皇上一听此话，立即板起面孔问：“纪昀，你叫我老头子是什么意思？今天非讲清楚不可。”

纪昀见皇上还没走，知道闯祸了。于是，干脆从桌子底下钻出来，赶忙俯伏在地叩头，口称：“死罪，死罪”。

皇上说：“叩多少头也不行，快讲‘老头子’是什么意思。”

纪昀又给皇上叩了一个头，然后索性慢条斯理地说：“万岁不要发怒，奴才之所以称您为‘老头子’，确实是对您的尊敬。‘万寿无疆’称为‘老’、‘顶天立地’称为‘头’、皇上称为‘天子’，这就是我称您‘老头子’的原因。”皇上得意地笑了，赦纪昀无罪。

纪昀应对之巧在于将“老头子”一词拆字联义，并使其义处处都落实在“天子至尊”之意上，这就是纪昀的机智。

在政治斗争中，掌握局势、应付自如显得尤为重要。

公元 222 年至 235 年间，古罗马国的皇帝因昏庸无能，激起了人民的不满，被大将寨维罗推翻，寨维罗当了新一任罗马大帝。

此时，塞维罗要主宰整个帝国面临两大困难：一是尼格罗已在亚洲称帝，二是阿尔匹诺正在西方建立自己的政权。塞维罗知道，此时，他若以习惯性的思考模式去对待尼格罗和阿尔匹诺，就只有进军一途，坚决地消灭他们。但是，这两强的势力太大了，如不知进退，将是十分危险的事情。于是，他决定动用不同的思考模式，采取灵活多变的方法去对付这两大强敌：对于西方的阿尔匹诺，他用退一步的方法，以赐给“恺撒”的称号来稳住他；对于亚洲的尼格罗，他则用突袭的方式予以剿灭。当然，最后他还是在法国活捉了被他赐封过的阿尔匹诺，达到了他主宰罗马帝国的目的。

公元前192年西汉惠帝时，其母吕太后专权。一天，吕后接到匈奴军冒顿的一封信，信中之意是要娶吕后为妻，代刘邦当中原皇帝。看过这封粗鲁无礼的来信之后，吕后大怒，“欲斩其使，后兵击之”。

季布道：“高帝新丧，吴下疮痍未复。樊哙大言以十万军可横行匈奴，这不是为了面谀太后，置天下安危于不顾吗？况且冒顿素来大话欺人。”这一番话，说得太后一脸的怒色渐渐平息下去。

经过一段时间的沉思，吕后命人回信冒顿：“大王不忘怀于我，给我来信。想我已年老色衰，发齿坠落，行步失度，哪里还配得上大王呢？现在奉上我平日乘坐的御车两辆，良马八匹，备大王乘用。”

遭遇困境时能应付自如、游刃有余是成功者必备的素质之一。

成全别人，保全自己

人人都有自尊心，人人都有好胜心，若要联络感情，应处处重视对方的自尊心，因为重视对方的自尊心，就必须抑制你自己的好胜心，成全对方的好胜心。

下面这个例子说的是名相萧何如何成全刘邦的好胜心而保全了自己。

汉初良相萧何，泗水沛（今江苏沛县）人。曾任沛县主吏掾、泗水郡卒吏等职，持法不枉害人。秦末随刘邦起兵反秦，刘邦进入咸阳，萧何把相府及御史府的法律、户籍、地理图册等收集起来，使刘邦知晓天下山川险要、人口、财力、物力的分布情况。项羽称王后，萧何劝说刘邦接受分封，立足汉中，养百姓、纳贤才，收用巴蜀二郡的赋税，积蓄力量，然后与项羽争天下。为此深得刘邦信任，被任为丞相。他极力向刘邦举荐韩信，认为刘邦要取得天下非用韩信不可。后来，韩信在楚汉战争中的才干证明萧何慧眼识人。在楚汉战争中，萧何留守关中，安定百姓，征收赋税，供给军粮，支援了前方的战斗，为刘邦最后战胜项羽提供了物质保证。西汉建立后，刘邦认为萧何功劳第一，封他为侯，后拜为相国。萧何计诛了韩信后．刘邦对他就更加恩宠，除对萧何加封外，刘邦还派了一名都尉率五百名士兵做相国的护卫。

当天，萧何在府中摆酒庆贺。有一个名叫召平的人，穿着白衣白鞋，进来对萧何说：“相国，您的大祸就要临头了。皇上在外风餐露宿，而您长年留守在京城，您既没有什么汗马功劳，又没有什么特殊的勋绩，皇上却给您加封，又给您设置卫队，这是由于最近淮阴侯在京谋反，因而也怀疑您了。安排卫队保卫您，这可不是对您的宠爱，而是为了防范您。希望您辞掉封赏，再把全部私家财产都捐给军用，这样才能消除皇上对您的疑心。”

萧何听从了他的劝告，刘邦果然很高兴。同年秋天，英布谋反，刘邦亲自率军征讨。他身在前方，每次萧何派人输送军粮到前方时，刘邦都要问：“萧相国在长安做什么?”使者回答，萧相国爱民如子，除办军需以外，无非是做些安抚、体恤百姓的事。刘邦听后总默不作声。使者回来后告诉萧何，萧何也没有识破刘邦的用心。

有一次，偶然和一个门客谈到这件事，这个门客忙说：“这样看来您不久就要被满门抄斩了。您身为相国，功列第一，还能有比这更高的封赏吗？况且您一入关就深得百姓的爱戴，到现在已经十多年了，百姓都拥护您，您还在想尽办法为民办事，以此安抚百姓。现在皇上之所以几次问您的起居动向，就是害怕您借关中的民望而有什么不轨行动啊！如今您何不贱价强买民间田宅，故意让百姓骂您、怨恨您，制造些坏名声，这样皇上一看您也不得民心了，才会对您放心。”

萧何说：“我怎么能去剥削百姓，做贪官污吏呢?”门客说：“您真是对别人明白，对自己糊涂啊!”萧何又何尝不知道这个道理，为了消除刘邦对他的疑忌，只得故意做些侵夺民间财物的坏事来自污名节。不多久，就有人将萧何的所作所为密报给刘邦。刘邦听了，像没有这回事一样，并不查问。当刘邦从前线撤军回来，百姓拦路上书，说相国强夺、贱买民间田宅，价值数千万。刘邦回长安以后，萧何去见他时，刘邦笑着把百姓的上书交给萧何，意味深长地说：“你身为相国，竟然也和百姓争利！你就是这样‘利民’啊？你自己向百姓谢罪去吧!”刘邦表面让萧何自己向百姓认错，补偿田价，可内心里却窃喜，对萧何的怀疑也逐渐消除。

刘邦身为开国皇帝，自是不希望臣子的威信高过自己。萧何采纳了门客的建议成功地保全了自己。

人们在人际交往中也是如此，每个人都有好胜心，何不成人之美、皆大欢喜。

顺应形势，保护自己

只按照自己的方法一意孤行，失败时便把一切过失都推给别人，这种做法也很常见，也是一种很自然的态度。有些人经年累月往前冲，往往不顾后果，常常同他人产生摩擦，事情越弄越糟。

我们都见过，有些人很粗暴，有些人很沉默，有些人很冷酷，有些人拒人于千里之外。我们有时也有点害怕，也许他不只会叫，而且还会咬我们。我们一定要花功夫去研究一个人，琢磨该如何接近他。

其实，无论是对人还是做事，我们都要看清形势，只有顺应形势的发展才能保护自己。

美国著名作家欧·亨利曾写过一则故事：

一天晚上，一个人正躺在床上，突然一个蒙面大汉跳进阳台，走到床边。他手中拿着一把手枪，对床上的人厉声说道："举起手！起来，把你的钱都拿出来！"躺在床上的人哭丧着脸说；"我患了十分严重的风湿病，尤其是手臂疼痛难忍，哪里举得起来啊！"那强盗听了一愣，口气马上变了："哎，老哥！我也有风湿病，可是比你的病轻多了。你得这种病多长时间了，都吃什么药呢？"躺在床上的人把各类药都说了一遍。强盗说："那不是好药，那是医生骗钱的药，吃了它不见好也不见坏。"两人热烈讨论起来，尤其对一些骗钱的药物看法颇为一致。两人越谈越热乎，强盗早已在不知不觉中坐在床上，并扶病人坐了起来。

强盗突然发现自己还拿着手枪，面对手无缚鸡之力的病人十分尴尬，赶紧偷偷地放进衣袋之中。为了弥补自己的过失，强盗问道：

“有什么需要帮助的吗?”病人说：“咱们有缘分，我那边的酒柜里有酒和酒杯，你拿来，庆祝一下咱俩的相识。”强盗说：“干脆咱俩到外边酒馆喝个痛快，怎样?”病人苦着脸说：“可是我手臂太疼了，穿不上外衣。”强盗说：“我能帮忙。”强盗替他穿戴整齐，扶着他向酒馆走去，刚出门，病人忽然大叫：“噢，我还没带钱呢!”强盗说：“我请客。”

如果那个人没有顺应当时的形势做出灵活的应对，强盗后来请他吃的也许就会是子弹了。

在官场上，学会顺应形势的人才能戴稳自己的乌纱帽。

明朝的名臣张居正也是在不动声色地暗中接纳人缘、积蓄力量才登上相位的。高拱在未当首辅宰相之前，张居正就看出了苗头，尽心与他结交，两人互为钦佩，经常称赞对方的才能。等高拱做宰相之后，张居正又紧紧追随他。高拱为人性格直爽而倨傲，很多人因受不了他的役使而离开了，唯独张居正能够卑辞以事，始终没有离开。

冯保是内宫太监，为人狡黠奸诈，与张居正的关系很好。按顺序本当升他为司礼太监，但因高拱推荐了其他人而落选，所以对高拱怀恨在心。后来明穆宗去世，遗诏由高拱等人为顾命大臣，但因冯保篡改了诏书，改成高拱、张居正、冯保等人一同为顾命大臣辅佐新君。高拱无法与冯保等人长期共事，就上书历数太监专权的弊端，并做了其他准备，满以为可以一下子把冯保驱逐出朝。

高拱把一切准备情况都告诉了张居正，希望他能暗中支持，谁知张居正竟把情况透露给了冯保。冯保立即找皇太后哭泣，列举高拱专权的罪状，太后当即拟旨，斥逐高拱。

第二天，朝廷大集群臣，宣读了两宫及皇上诏书，高拱本以为计谋成功，谁知诏书竟历数自己的罪状，解除了其一切官职。高拱又惊又怒，悲伤得趴在地上不能起身，张居正连忙把他扶起，雇了一辆驴车把他送走。

冯保还想罗织罪名诛杀高拱，幸亏张居正从中巧妙斡旋，才未得逞。在高拱去世后，张居正等人还向朝廷请求恢复他的官职荣誉。后来神宗亲政，重理高拱旧案，赠他太师头衔，追加文襄名号。就这样，张居正在勾心斗角的朝廷中，顺应局势的发展，在宫内宫外、先朝今朝都游刃有余，稳稳当当地升了官。

要给别人留面子

人都爱面子，你给他面子就是给他一份厚礼。有朝一日你求他办事，他自然要“给回面子”，即使他感到为难或感到不是很愿意。这便是操作人情账户的全部精义所在。

有一次，卓别林准备扮演古代一位徒步旅行者。正当他要上场时，一位实习生提醒他说：“老师，您的草鞋带子松了。”

卓别林回了一声：“谢谢你呀。”然后立刻蹲下，系紧了鞋带。

当他走到别人看不到的舞台入口时，却又蹲下，把刚才系紧的带子松开了。显然，他的目的是，以草鞋的带子都已松垮，试图表达一个长途旅行者的疲劳状态。演戏能细腻到这种程度，确实说明卓别林具有许多影视明星不具有的素质。

当他解松鞋带时，正巧一位记者到后台采访，亲眼看到了这一幕。戏演完后，记者问卓别林：“您该当场教那位弟子，他还不懂演戏的技巧。”

卓别林答道：“别人的好意必须坦率接受，要教导别人演戏的技能，机会多得是。在今天的场合，最要紧的是要以感谢的心去接受别人的好意，并给以回报。”

美国作者戴尔·卡耐基在他的《人性的弱点》一书中，讲述了他批评其秘书的技巧：

“数年前，我的侄女约瑟芬离开了她在堪萨城的家到纽约来担任我的秘书。她当时 19 岁，3 年前从中学毕业，她的办事经验稍多一点，现在她已经成了一位完全合格的秘书。……当我要让约瑟芬注意一个错误的时候，我常说：‘你做错了一件事，但天知道这事并不比我所犯的许多错误还坏。你不是生来就具有判断能力的，那是由经验而为，你比我在你的岁数时好多了。我自己曾经犯过许多愚鲁不智的错误，我有绝少的意图来批评你和任何人。但是，如果你如此做，你不是更聪明吗？”’

这样，既指出了她的错误又能不伤她的面子，以后她会更认真细心地工作。

卡耐基说：一句或两句体谅的话，对他人的态度做宽大的了解，这些都可以减少对别人的伤害，保住其面子。

下面是会计师马歇尔·格兰格写给卡耐基的一封信的内容：

“开除员工并不是很有趣，被开除更是没趣。我们的工作是有季节性的，因此，在3月份，我们必须让许多人走。”

“没有人乐于动斧头，这已成了我们这一行业的格言。因此，我们养成了一种习俗，尽可能快地把这件事处理掉，通常是这样说的：‘请坐，史密斯先生，这一季已经过去了，我们似乎再也没有更多的工作交给你去处理。当然，毕竟你也明白，你只是受雇在最忙的季节里帮忙而已’等等。”

“这些话给他们带来失望以及‘受遗弃’的感觉。他们之中的大多数一生皆从事会计工作，对于这么快就抛弃他们的公司，当然不会甘心。”

“我最近决定以稍微圆融和体谅的方式来遣散公司的多余人员。因此，我在仔细考虑他们每人在冬天里的工作表现之后，一一把他们叫进来，而我就说出下列的话：‘史密斯先生，你的工作表现很好（如果他真是如此）。那次我们派你到纽华克去，真是一项很艰苦的任务。你遭遇了一些困难，但处理得很妥当，我们希望你知道，公司很以你为荣。你对这一行业懂得很多，不管你到哪里工作，都会有很光明远大的前途。公司对你有信心，支持你，我们希望你不要忘记！”

“结果呢？他们走后，对于自己的被解雇感觉好多了。”

有一位女士在一家公司任市场调研员，她接下的第一份差事是为一项新产品做市场调查。她说道：

“当结果出来的时候，我几乎瘫倒在地，由于计划的一系列错误，导致整个事情失败，必须从头再来。更不好对付的是，报告会议马上就要开始，而我已经没有时间了。”

“当他们要求我拿出报告时，我吓得不能控制自己。为了不让大家嘲笑，我尽量克制自己，因为太过紧张了。我简短地说明了一下，并表示我需要时间重新来做，我会在下次会议时提交。然后，我等待老板大发脾气。”

“结果出人意料，他先感谢我工作踏实，并表示计划出现一些错误在所难免。他相信新的调查一定会准确无误，会对公司产生很大帮助。他在众人面前肯定我，让我保全了颜面，并说我缺少的是经验，而不是工作能力。”

“那天，我挺直胸膛离开了会场，并下定决心不再犯错误。”

懂得在细节上尊重别人的人才会受欢迎。

1917 年 1 月 4 日，一辆四轮马车驶进北京大学的校门，徐徐穿过园内的马路。这时，早有两排工友恭恭敬敬地站在两侧，向刚刚被任命为北大校长的传奇人物蔡元培鞠躬致敬。只见蔡元培走下马车，摘下自己的礼帽，向这些校园里的工友们鞠躬回礼。在场的人都惊呆了，这在北京大学是从未有过的事情。北大是一所等级森严的官办大学，校长享受内阁大臣的待遇，从来就不把这些工友放在眼里。像蔡元培这样地位显赫的人向身份卑微的工友行礼，在当时的北大乃至全国都是罕见的现象。北大的新生由此细节开始，树立了一面如何做人的旗帜。

有时候，给别人留面子能更好地解决人与人之间的问题。

有一位夫人，她雇了一个女仆并告诉她下星期一上班。这位夫人给女仆以前的主人打过电话，知道她做得不好。当女仆来上班的时候，这位夫人说：“亲爱的，我给你以前做事的那家人打过电话，她说你不但诚实可靠，而且会做菜、会照顾孩子，但她说你不爱整洁，从不将屋子收拾干净。现在我想她是在说瞎话，你穿得很整洁，谁都可以看得到。我相信你收拾屋子一定同你的人一样整洁干净，我们也一定会相处得很好。”

后来她们真的相处得很好。女仆要顾全高尚的名誉，并且她真的顾全了。她多花时间打扫房子，把东西放得井然有序，没有让这位夫人对她的希望落空。

《圣经·马太福音》中说：“你希望别人怎样对待你，你就应该怎样对待别人。”这句话被多数西方人视为待人接物的“黄金准则”。

真正有远见的人不仅在一点一滴的日常交往中为自己积累最大限度的“人缘儿”，同时也会给对方留有相当大的回旋余地。给别人留面子，实际上也就是给自己挣面子。

第七章

职场打拼，方圆有术

忠诚比能力更重要

对绝大多数领导而言，判断下属好坏的关键往往在于其能够循规蹈矩，彻底奉行领导的意志，而至于能力倒是在其次。不违背自己的意志、完全死忠于自己的人，才不会给自己造成威胁。对他们来说，忠心才是第一，能力不是问题。反过来说，从某种程度上看，那些能力高而自由意志太强的下属正是领导们的大忌。领导者们正是处于这样的两难之中：太能干的下属不敢用，用了又不敢充分授权。经过对利害关系的仔细斟酌，他们一般都会把真正的权力下放给没有什么能力，但是却绝对忠于自己的下属。因此，对于一个下属来说，如果你想得到领导的欢心、赢得他的信任，最为关键的一点在于：无论你才能有多高，千万要显得对领导忠心。

卫青是西汉武帝时期的重要将领，他率军与匈奴作战，屡立战功。后来，他成为汉朝最高军事将领——大将军，并被封为长平侯。尽管如此，但卫青从不结党干预政事，从不越权。汉武帝刻薄寡恩，杀大臣如杀鸡，卫青自是在他手下战战兢兢、冷汗直流。然而，卫青却最终从容逃过大劫，无灾无难地以富贵终老。

有一年，卫青率大军出击匈奴，右将军苏建率几千汉军和匈奴数万人遭遇，汉军全军覆没，只有苏建一人逃回。卫青召开会议，商讨如何处置苏建。大多数将领建议杀苏建以立军威。但卫青却认为，作为人臣，自己没有权力擅自专权，在国境之外诛杀副将。于是，最后把问题交给汉武帝处理，也借此显示自己不敢专权恣纵。武帝把苏建废为庶人，对卫青也更加宠信，而苏建对卫青的不杀之恩也感恩戴德。

光从这次卫青处理苏建事件的手腕上，就可以看出卫青的高明智慧。卫青虽立有大功，但从不恃宠而骄，从来都是谦虚谨慎，一味顺从武帝旨意，从不越权，以防武帝猜疑。一般诸侯往往招贤纳士，但卫青深知武帝不满意诸侯这样做，于是从不敢招贤纳士。正因为处处注意、时时小心，卫青才可以做到功盖天下而不震主、手握重兵而主不疑，最终能够富贵尊荣、寿终正寝。

南北朝时期，宋明帝刘彧因为从侄儿刘予业手上抢来江山，得位不正，难以服众，所以一上台就为应付各地的造反而焦头烂额。处于这样的危急关头，自然需要大量的军事人才。吴喜就是在这样的情况下毛遂自荐，而且一出马就为宋明帝立下了大功。

吴喜本是文人，曾任河东太守。他性情宽厚，在任期间，秉公执法、广施仁政，因此很受百姓爱戴，人们都称其为“吴河东”。由于吴喜深受百姓拥护，所以早年的流民造反都被他打败。在平叛藩王率领的三千大军时，吴喜只带了数十人，经过一番诚恳的劝说，就让叛军自动归附。从这一点来看，吴喜的才能丝毫不亚于古代那些著名的文臣武将。而这次吴喜向刘彧自荐平叛，刘彧也只给他区区不足三百兵马。可没想到，吴喜一进入敌人的地盘，当地百姓一听吴河东来了，竟望风归顺。这样，吴喜不但轻易平定了叛乱，而且还生擒了76个士兵和叛将，除了当场斩首了17个首恶外，其实全部被吴喜给赦免了。

按道理说，刘彧刚即位就得到这样一位智勇双全的大将，应该感到万幸才是，但是事实却并不如此。吴喜并没有因为建立了大功而得刘彧的宠爱，反而为自己埋下了杀机。问题出在吴喜出征时曾对刘彧说，抓到叛将，不论首从，他都将就地正法，以正纲纪。刘彧嘴上并没有说什么，但是心中却暗暗叫好，因为他也正希望吴喜这么做。不料最后，吴喜却违背了他的意志，未经他的同意就私自赦免战俘。刘或认为，吴喜这么做，无非是想获取人情、笼络人心罢了，这种人势必对自己造成很大的威胁，岂能容他?! 果然，没过多久，刘或就找了一个借口将吴喜赐死。

唐朝大将李功，战功赫赫，是凌烟阁二十四功臣之一，在唐太宗武将之中的地位仅次于李靖。不消说，这样的一位重臣太宗自然格外器重。

然而，太宗在，临死之前却给太子李治留下遗言说："现在能帮你安定天下的武将，除了李功之外，别无二人。但是你对他没有恩，我恐怕他对你怀有二心。我现在把他外放，如果他立即启程，你登位后，就马上把他召回，这样你就算是有恩于他了，他也必定会感激于你，为你效命。如果他有半点犹豫的话，就表明他有二心，你必须赶紧杀了他，否则后患无穷。"幸亏李功聪明，他很快便明白了个中奥妙，因此一接到命令，连家也不回，就立刻回马上任，这才保住了一条老命。

很多人认为卫青的举止似乎过于谨慎，其实不然。汉武帝雄才大略、武功赫赫，但是也专断独行、桀骜自恃，对于那些犯了其忌讳的人，无论才能多高，他都可以毫不手软地予以诛杀。卫青对此十分清楚，因此不管自己能力再高、权力再大，也要表现得很忠诚。正因为如此，卫青才能在这样一位领导手下保全自己，无灾无难地以富贵终老一生。

而吴喜则正好相反。他能够轻易对付战场上的敌人，但是却没有弄清楚刘或最想要的是什么。在吴喜看来，他之所以释放叛将，完全是出于一片仁心，而且这么做说不定还能为皇帝获取人心、多争取一些人才，但他万万没有想到，他的领导刘或却是历史上少见的刻薄寡恩的老大之一，只要是违背了其意志，即使对于那些有功、有恩于他的人——不管功劳多大，他也会毫不留情地除掉，更别说委以重任了。

从李世民对待李功的例子中，也可以看出领导者心中想的究竟是什么。李功一生有无数的忠义之行，然而还是遭到李世民的猜忌，这正将手握权柄的领导者们对待属下的心态表露无遗：无论在什么时候，无论下属才能有多高、功劳有多大，他们都在防备着，一旦有不忠心的行为出现，就会毫不留情地把他除掉。

不要与上司争功劳

良好的形象是上司经营管理的核心与灵魂。你应常向他提供新的信息，使他掌握自己工作领域的最新动态和现状。不过，这一切应在开会之前向他汇报，让他在会上谈出来，而不是由你在开会时大声炫耀。当上司对他的领域了如指掌，就能在下属心目中树立起良好的形象。而当你上司形象好的时候，你的形象在上司的眼里也就好了。

上司固然想知道自己在个别下属心目中的形象，但他更关注的是自己在大家或公众心目中的声誉。一个人的赞扬只能代表称赞者本身对上司的看法，而一般的上司都明白一个道理，一个人说好不算好。

俗话说“人活一张脸，树活一张皮”，中国人爱好面子，视尊严为珍宝，尤其是做上司的更是爱面子。若不慎做了错误的决定或说错了什么话，如果下属直接批评或揭露他的错误，无疑是向他挑战，会让他很没面子，损害刺伤他的自尊心，相信一个最宽宏大量的上司也无法忍受。所以，当上司错了的时候，也要维护他的尊严，搭个台阶给上司下，选择合适的时机或场合，采取合适的方式再指出来，以免自讨没趣。

身为下属，既不能事先加以肯定或指责（顶多把利害、得失分析给他听，但决定还要由他自己），也不能事后加以抱怨或轻视他的决定。因为他在作决定时，认为百分之百是正确的，所以才会这样做。身为下属，只能在执行时尽可能地使此项错误造成的损失减少到最低限度，这才是下属应有的态度。

如果错误不明显、无关大局，其他人也没发觉，不妨“装聋作哑”，等事后再予以弥补。

此外，每个人的价值观不是与生俱来的，而是在一定的生长环境、教育环境、工作环境中逐渐形成的。年龄相差十岁的两个人，价值观必然不同。有很多上司感叹：“现在的年轻人，真不知道他们想的是什么……”这是由于上司和年轻人的价值观不同造成的。

比如，有的上司有这样一种自负心理，认为：这个公司是由他们老一辈一手创造和发展起来的。这种自负心理的积累形成了他们的价值观，自尊心也就这样形成了。可是，年轻的职员们不具有这样的观点和心理，两代人之间就产生了差距，价值观也就因此而不同。

如果随便否定上司的观点，对上司说：“主任，你的观点太落后了，早已跟不上当今的时代。”这样会惹怒上司的。如果你被别人批评了引以为荣的地方，也一定会觉得自尊心受到了伤害，一定会对那个人产生反感吧！的确，有些上司的观念跟不上时代的步伐。但上司有自己的自尊心，所以绝不能做出有损上司自尊心的言行举止。自己要善于从上司平时的言行中把握上司的观念和心理，避免发生有伤上司自尊心的行为。

中国官场上有一句话：得罪人的事自己揽下，出头露脸的事让给上司。这是很有道理的。上司名声好了，他对你的功劳当然不会忘记。同时，你自己做什么也方便多了。

西汉的田叔以忠爱主上而闻名。汉武帝对他非常赏识，于是便派他到藩国去出任相国。鲁王是景帝的儿子，自恃王子的特殊身份，骄纵枉法，掠取老百姓的财物不计其数。田叔一到任，来告鲁王的多达百人，田叔不问青红皂白，将带头告状的老百姓怒骂道：“鲁王难道不是你们的主子吗？你们怎么敢告自己的主子。”

鲁王听了，很是惭愧，便将王府的钱财拿出来一些交付给田叔，让他去偿还给被掠夺的老百姓。但田叔却不肯接受，说道：“大王夺取的东西让我去还，还不是使大王受恶名而我受美名吗？还是大王自己去偿还吧！”

田叔在此的做法是非常明智的，假如他不去维护鲁王的名声而自己夺名，那么到头来受害的还是自己。相反，他借此事让鲁王获得美名，一方面鲁王会很高兴，另一方面自己也可避免“名高震主”，何乐而不为呢？维护上司的威信，注意不要随意揭上司的短。

作为下属，很可能你对上司的很多方面都会有了解，如果你不知轻重、不知好歹，轻易揭上司的短，这不仅会让上司觉得自己很没面子，还有可能导致他在外面丧失威信。

陈胜本来是河南的散工，在一些地方做泥水活计。在一次被调往北方修筑长城的路上与同伴造反起义，并取得了胜利。在陈州，他登基为王，享尽荣华富贵。

昔日的穷苦哥们、难兄难弟们听说他做了王，于是就推派了一位跟陈胜关系最好的农夫去看望他。

这位农夫经过很大一番周折才见到陈胜，他见到陈胜之后，看到文武百官对他毕恭毕敬，宫中又陈设华丽，不禁羡慕万分。他不管三七二十一，就叫着陈胜的小名：“涉，你好大的福气啊！你做大王玩真是惊人！以前我们俩在一起做泥水匠时，你是天天给人骂，顿顿吃不好啊！有一次，你没有晚饭吃，就到外面去偷了人家的玉米，晚上还弄得拉肚子……”

陈胜见他没完没了，心里很是愤怒，觉得自己那张脸没有地方可放，但是考虑到两人的交情，而且在文武百官面前不好发作，就暂时放过他了。

谁料这位农夫却仍然不知好歹。成天在皇宫里大摇大摆地逛来逛去，并且不时说起他和陈胜以前的往事。朝中大臣见了，都皱起了眉头，想：“这样不是有损大王的威严吗？”陈胜也觉得这样下去，自己的短处就会完全被他揭出来，于是就派人把他杀了。

懂得把自己的“功”让给上司，是博得上司好感的最有效途径。好的东西，每个人都喜欢，越是好东西，越舍不得给人，这是人之常情。假若有某项工作顺利完成，你要把功劳让给上司。

你的上司是个差劲的写作者，假如你是个优秀的写作者，应自愿为他捉刀；你的上司恨公开演说吗？主动站出来，替他在公共场合说话。你能找出补足你上司的方式越多，他就越看重你。事实上，聪明的上司所要找的正是那些能以其长处弥补自己弱点的属下。

在组织中，一项工作完全无误地完成，并不仅仅靠一个人的力量，上司的帮助或适当的指示更为重要。为了这种重要性，你应把你不想让的功劳让给上司，倘若因此而使上司成为你的朋友，则将来你所立的功劳会更大，届时你可能得到上司的祝福与更多的奖励。

正确领会上司的意图

正确领会和实现上司的意图，做上司肚里的蛔虫，是好下属的重要标志。而说话办事违背上司的意图，可能会“出力不讨好”，把事情弄糟。通常所说的上司意图，是指上司个人、领导班子或领导机关通过文字或口头下达的命令、批示、决定、交办意见等。这些都需要下属用心去理解、体会。

平时深入观察、仔细揣摩，熟谙上司的习性，这样才能正确地理解上司的意图。否则，在你具体执行过程中就会发生很大的偏差，甚至南辕北辙。与上司的想法完全背道而驰，你将会费力不讨好，陷入十分尴尬的境地。

在工作中，上司是个无法回避的重要对象。会看眼色，能察言观色是成功至关重要的基本功。

汉元帝刘奭上台后，将著名的学者贡禹请到朝廷，征求他对国家大事的意见，这时朝廷最大的问题是外戚与宦官专权，正直的大臣难以在朝廷立足。对此，贡禹不置一词，他可不愿得罪那些权势人物，只给皇帝提了一条，即请皇帝注意节俭，将宫中的众多宫女放掉一些，再少养一点马。其实，汉元帝这个人本来就很节俭，早在贡禹提意见之前已经将许多节俭的措施付诸实施了，其中就包括裁减宫中多余人员及减少御马，贡禹只不过将皇帝已经做过的事情再重复一遍，汉元帝自然乐于接受。于是，汉元帝既博得了纳谏的美名，而贡禹也达到了迎合皇帝的目的。

司马光对贡禹的这种做法很不以为然，他批评说：“忠臣服侍君上，应该要求他去解决国家所面临的最困难问题，其他较容易的问题也就迎刃而解了；应该补救他的缺点，而他的优点不用说也会得到发扬。”当汉元帝即位之初，向贡禹征求意见时，他应当先国家之所急，其他问题可以先放一放。就当时的形势而言，皇帝优柔寡断，谗佞之徒专权，是国家急需解决的大问题，而对此贡禹却一字不提。恭谨节俭，是汉元帝的一贯心愿，贡禹却说个没完没了。

司马光不懂聪明人办事的眼上功夫，他不明白，古代的帝王在即位之初或某些较为严重的政治关头，时常要下诏求谏，让臣下对朝政或他本人提意见，表现出一副弃旧图新、虚心纳谏的样子，其实这大多是一些故作姿态的表面文章。有一些实心眼的大臣却十分认真，不知轻重地提了一大堆意见，这时常会招来忌恨，埋下祸根，早晚会招来帝王的打击报复。但贡禹却十分精明，专拣君上能够解决、愿意解决、甚至正在着手解决的问题去提，而回避重大的、急需的、棘手的问题，这样避重就轻、避难从易、避大取小，既迎合了上意，又不得罪人，表明他做官的技巧已经十分圆熟老道了。

唐朝的大臣封伦也是位会察言观色的高手。封伦本来是隋朝的大臣，隋朝灭亡后，他便归顺了唐朝。有一次，他随唐高祖李渊出游，途经秦始皇的墓地，见其极为宏伟，经过楚汉战争之后，地上建筑被破坏殆尽，只剩下了残砖碎瓦。李渊十分感慨，对封伦说：“古代帝王耗尽百姓、国家的人力、财力大肆营建陵园，有什么益处！”

封伦一听，明白李渊是不赞同厚葬的，便迎合地说：“上行下效，影响了一代又一代的风气。自秦汉两朝帝王实行厚葬，朝中百官、黎民百姓竞相仿效。古代坟墓，凡是里面埋藏有众多珍宝的，都很快被人盗掘。若是人死而地知，厚葬全都是白白地浪费；若是人死而人知，被人挖掘，难道不痛心吗?”

李渊称赞他说得好，对他说：“从今以后，自上至下，全都实行薄葬!”

成为上司的得力助手

上司一般都把下属当成自己的人，希望下属忠诚地跟着他、拥戴他，听他指挥。下属不与自己一条心，背叛自己，另攀高枝，“身在曹营心在汉”，存有二心等，是上司最反感的事。忠诚、讲义气、重感情，经常用行动表示你信赖他，便可得到上司的喜爱。

当上司讲话的时候，要排除一切杂念，专心聆听。眼睛注视着他，不要埋着头，必要时做一点记录。他讲完以后，既可以稍思片刻，也可问一两个问题，真正弄懂其意图。最后简单概括一下上司的谈话内容，表示你已明白了他的意见。一定要记住，上司不喜欢那种思维迟钝，需要重复好几遍才能明白他的意图的人。

有时候，下属由于过度服从权威，因此上司随口的一句话也被当成如山的军令。其实，如果上司无心的一句话被解读为“既定政策”，特定情况下的“变通办法”被诠释为标准程序的调整，或是“生气时的反应”被渲染成毫无转圜余地的最终立场，则反而会让上司感到骑虎难下。

传递上司的讯息时不应该避重就轻，身为下属有责任了解上司说话时的背景与动机为何。

有时候，除了保留核心讯息之外，我们也必须调整表达方式，借以让受话者能够了解原意。

我们有责任帮助他人了解上司的用意，并且防止误解的产生，以免影响受话者的接受程度与执行能力。

将上司的指令当作圣旨，或是不经判断地草率执行，对上司而言都是有害无益的做法。

日本作家铃木健二说过这么一句话："在日本，对公司的职员来说，当今所需要的是独立思考的判断力，推测未来的洞察力和不畏失败的耐久力。"意志力一方面表现为对于面临的困境和来自外界的挫折具有较强的抵抗力，这是人成功必备的条件，是具有坚忍勇毅性格的一种表现；另一方面，意志力也是一种影响力，是人在人际交往中由于自身坚强的意志品性给外界留下的印象以及对于外界的影响，这是一种人格的魅力。

对于上司来说，大都喜欢工作有热情，接受任务时不打折扣，勇于积极主动地克服困难，很少垂头丧气，或者唉声叹气，始终是保持一种高昂的工作热情的人，留给上司的总是"积极而又能干"的形象。

比如说提前上班所表现的工作热忱，是一天开始你献给事业型领导的最好礼物。上班早就意味着你有工作渴望，能按时下班则表明你能完成任务。工作热情是处理好与上司关系的一座桥梁。

在工作当中，每个人都可能会碰到这样的情况：刚刚开完一个会，上司便交代给你一项任务。这时，你会很自然地想到两个问题：第一，这是一件非常艰巨的任务，需要花费你很大的精力和时间，我能不能办，或者应该怎样去办？第二，向你布置任务的上司正在等待你的表态，等待你给他一个明确的答复，你是尽自己最大努力去做呢，还是对上司说"不"？

如果上司是有意识要考察你的话，那么应该说，他对你的能力和水平是了解的，对你能否完成任务也是心中有数的。因此，你可以直接避开第一个问题，然后尽量用最短的时间来考虑第二个问题，用明朗的态度回答"好的，我一定完成任务"或"我会尽最大努力去做"等等。

任何上司都绝不仅仅满足于只听到满意的答复，他们更注重你完成任务的情况是否也同样令他们满意，动听的话谁都会说，漂亮的事却不是谁都会干，只有很好地完成任务，才能让领导心满意足。所以，当你给了上司一个满意的答复之后。紧接着，你就应该脚踏实地、竭尽全力地去履行你对领导许下的诺言。

掌握好升职加薪的技巧

晋升的机会来了，各种小道消息在单位蔓延。那么，在面临这样的机会时，蠢蠢欲动的你要不要主动地找上司反映自己的愿望，提出自己的要求呢？这常常是人们为之苦恼的事情。因为，如果自己不去要求，很可能就会失去机会；而如果要求，又担心上司会认为自己过于自私，争名夺利，究竟该怎么办呢？

当人们谈论工作是为什么的时候，可能有很多不同的回答。但是，谁都不能否认我们是为利益而工作，例如金钱、福利、职务、荣誉等，否则就显得太虚伪了。在当今社会中，我们说为利益而工作是正大光明的。

我们强调在与老板相处的过程中要学会处理争利这个问题，有太多的人就是因为不会争利而频频“吃亏”。

作为下级，向上司提出请求时应讲究方式方法，不能简单化。宜明则明、宜暗则暗、宜迂则迂，这要根据你上司的性格、你与上司以及同事的关系、别人对你的评价等因素来定。

人世间到处都充满竞争。就社会来讲，有经济、教育、科技的竞争，有就业、入学甚至养老的竞争。就升职来说也不例外，在通向金字塔顶端的道路上每一步都有竞争的足迹。

对于同一职位的觊觎者有很多。当你知道某一职位或更高职位出现空缺而自己完全有能力胜任这一职位时，保持沉默绝非良策，而是要学会争取、主动出击，把自己的意见或请求告诉给老板，常常能使你如愿以偿。特别是老板有了指定的候选人，而这位候选人在各方面条件都不如你时，本着对自己负责的态度，也要积极主动争取，过分的谦让只会堵死你的升职之路。

虽然管理的职位愈来愈少，但如果你想担任管理职位的心情越迫切，就越会引起反效果。若同事比自己较早升任主管你就妒恨的话，那么，主管的职位就会离你更远了。

人一焦躁或妒恨时，心中就会失去平衡，并产生异常的心理。心态异常的人，是很容易失去机会的。

当同事比你抢先出头时，你不要着急，也不要妒忌，还是应该尽全力工作，周围的人不会是瞎子。这就是一种以退为进的办法。

工薪阶层职员的沉浮，完全是由上司的看法和周围的环境决定的。你必须懂得以退为进的办法。如果同事升迁你就表示不满，朋友薪水比你高就眼红的话，你便不能出人头地了。以曲线式的想法来说，你若不了解“以退为进”“后来居上”的战术，必定无法获得胜利。

假定机会到来，轮到你可以晋升，你为了要让这种可能性变成事实，首先必须让你的同事承认你有资格成为他们的新上司。再说了，如果要让你的同事臣服于你并为你效劳，也必须使他们对你的为人处世心服口服。很可能，人事部门在晋升你之前会先征询你的同事们的意见：“你们肯替他工作吗?”同事们的反应虽不会直接左右人事的决定，但还是会被列为人事考核的参考资料。假使人事单位所得到的答案是：“要我替他做事，门儿都没有!”那么，即使你顺利地晋升了，将来也无法如愿地管理你的属下。

在企业中一般要通过你的薪金来体现你的价值。知道自己到底值多少钱，对于准备跳槽和已经跳槽的人来讲都是一件比较重要的事情。

上司总要栽培和提拔他的下属。这样既有利于公司事业的发展，又能更好地满足上司的成就感，因为上司也有可能有上司。如果你对公司的生意有贡献，就意味着你时刻都有得到上司青睐的机会。

(1) 忠诚可靠的人。也许你在公司表现得不那么出众，但却得到了上司的提拔，那是因为他看中了你的忠诚可靠。

（2）乐观自信的人。乐观自信的人能让上司信任，因为他们充满朝气，工作劲头十足。

（3）善于沟通的人。良好的沟通能力是工作中不可缺少的，上司不欣赏有怪癖的下属。上司欣赏员工的沟通能力是：能设身处地为别人着想，充分理解对方，不以针锋相对的形式对待他人。

（4）能够独当一面，也是上司最需要的。在一个企业，上司不但要分离成功的喜悦，而且还要对其公司承担更重要的责任。如果你能替上司分担一些责任，能够单独主持一个部门的工作，并且做得很好，上司就一定会给你升职或加薪的机会。

（5）具有开拓精神的人。现代社会形势不断发生变化，我们的工作方式也随之不断变化。如果对于这些变化你没有感到不安或无动于衷，那就很危险了。如果你的不安能促使自我鞭策，对事物进行慎重的考虑，想必一定会产生不同的效果。

如果希望成为一名优秀的职员，并获得较多的升职和加薪，就应当读一些与自己的工作有密切关系的理论书、指导书和对为人处世有益的书。

公司是一个竞争的小社会，只有在公司里发挥出最大能力的人，才可以使自己干得出色，能够获得更多的升级和加薪机会。有许多人虽然工作踏实肯干、尽心卖力，却不能取得理想的效果，缺乏学识就是原因之一。因而，读书学习就成为必要和紧迫的事情。

通过读书可以使我们懂得许多道理，认识未知的世界，开阔视野、丰富知识。从书中收获到的东西是一般的方法所不能比拟的，也是没有办法可以衡量的。读的书越多越广，所取得的收获也就越多。

当你如愿地加薪或升职后，你要更加敬业，一刻也不要疏忽。别忘了，很多人都在冷眼旁观，给你打分，如果你做得很好，他们会无话可说。当得不到重用时，也不要自暴自弃，正好可以利用这一时机广泛收集各种信息、吸收各种知识，以此增强自己的实力。一旦时运到来，你便可跃得更高，显得更加耀眼！

弄清楚自己"跳槽"的目的

俗话说："人挪活，树挪死。"所以，该"跳槽"时就"跳槽"。当然，"跳槽"前要做好充分的准备。弄清楚自己的目的以后，再来比较一下"旧"单位与"新"单位哪个更能满足你的要求，然后再决定是否要主动辞职。

找出"正当理由"说服上司放你走。

跳槽之前应当首先清楚自己有没有把握获得更高的薪金，还要了解你的适应能力有多强，做各种比较，确定到底如何做才是最合算的。当你跳槽时，就义无反顾地向前冲。

可能当你刚刚跳槽之后你所从事的行业会突然整体滑坡，那就要随行就市，不要与原来再进行比较，因为那样做已经没有任何意义。在市场中体现出来的自己的价值，也是最客观的。

随着自己的跳槽，薪金也会不断地增加，自身的价值也会愈来愈清晰地体现出来，而市场就是你的价值杠杆，你接受的是随行就市的薪金标准。

是否所有的跳槽都会满足你提薪的要求呢，答案是否定的。因为当你辞职时，许多不确定的因素就摆在你的面前，比如暂时没有了经济来源，你原来确定的公司忽然不想再要人等诸如此类的问题会接踵而来。

在跳槽之后的几个月时间里，你一直在不停地忙碌着，这也是随行就市的一种特点，一旦你不再适应这种生活，你的价值也将下降。

公司一般先会判断你工作能力的高低，再决定工资升幅之多少。

升幅比别人低，不只是工资金额多少的问题，对日后的升迁也影响极大。工资升幅高，很容易爬上高位。

碰到工资涨幅低的危机时，要振作精神、拼命努力。等到下一轮涨工资，说不定就可以把上次短少的补回来。经过这种磨炼，以后就能晓得深思远虑，这是难得的人生经验。

公司追求的是利润，为了确保追求成功，它会给有高度贡献的员工高额工资。如果你工资涨得不快，这无异于一个警告：你的工作能力不行。增加工资是期待你日后能发挥实力，成功冲向下一个目标。

职场也如人生舞台一样，一幕幕戏剧不断上演，正所谓你方唱罢我登场。透视酸甜苦辣的职场人生，对症下药，才能在万变的生存空间中游刃有余。

工作两三年，可谓职业生涯的第一个平台期。失望、焦虑，进而茫然，这些心理感受是该时期最明显的心理特征。谁都希望通过变化来改变现状，这时，如何选择就显得尤为重要，是跳槽还是不跳，是转行还是坚守，是争当老板还是甘为职员……很多人由此陷入了迷茫。

跳槽也不是什么敏感的话题，其实每个人都不同程度地遇到过，就看你是什么样的人才了。假若你是职业经理人之类的人才，你完全可以在边工作的同时，委托猎头公司，把你的相关资料传给他们，由其代劳你找工作的过程。因为猎头公司不是帮找不到工作的人找工作，而是帮助有工作而且工作薪酬比较优厚的人找工作，因为这样的话，猎头公司也可以从中得到一部分佣金。假若你只是想换一个工作环境，摆脱现有的、没有激情的工作场所，换一个空间的话，且你只是一般的人才，没有很强的特殊技能，你则可以请一个长假，利用假期的空当顺便找一下工作。从经济学的角度来说，干每一件事情，你都得计算一下成本，如果以休假的空当找工作，你就可以避免辞职之后带来的忧虑。假若你只是普通得不能再普通的员工，劝你还是不要辞职为妙，因为有些公司不但要考查你的技术与本领，还要看你的工龄。

如果你觉得大势已去，想在目前的环境下再翻身已不是很现实或不值了，比如，如果你在一个岗位上干了三年仍然没有职位上的提升，那么就准备跳吧。跳之前好好地盘点一下自身的职业含金量，同样的，要勇于开出高薪。值得注意的是，你所期望的薪水要与你的经验挂钩。若很多人都要求20万年薪，而你却只要10万，那用人单位也会怀疑你的能力，关键是看你的职业竞争力有多强。如果目前你的“价”高于“值”，或“价”等于“值”，那么，如何保值就是当务之急，职场中的高薪人士面临的即是这个问题；而如果你在现在的公司里“价”低于“值”，那么，如何顺利地回到“市”上，在新的单位找到自己恰当的“值”也遥遥无期。

高薪不是绝对的，竞争力决定了你是否高薪，市场是否认可决定你是否高薪。如果你是经理，要留意自己的优秀员工，应该首先让员工感到公司对他的关注。这种关注既是对于员工个人事业发展、福利待遇等方面的关心，也包括经理要根据日常的接触有效判断出员工是否有跳槽倾向。比如一个员工跟你说某家同行业公司同样职位的员工有什么什么样的薪水、什么什么样的福利待遇的时候，你就要小心了，他已经在比较了，这就可能暗含着他对自己的待遇水平有一些不满意。

要留住员工，提高员工的满意度很重要。如果他做得开心，对他的工作积极性和创新方面能力的发挥都会有巨大的推动作用。比如，在绩效方面，要完全实现按绩付酬；在员工升迁方面，注意更多利用提升体制，让他们觉得在公司工作有奔头；在个人职业发展方面，注意通过培训让他们在专业方面得到提升。

当然，跳槽也不是一条永远通往成功的路。在个人的职业生涯中注定会碰到种种逆境，如业绩压力、人事关系的困境、上级的工作方法不得当、对薪水和职位的失望等。成熟的员工会尽力去化解矛盾、适应压力，找可以着力的地方做改善，不仅能在工作中尽快提高自己的业务水准，更能尽快适应打工的游戏规则——学会建议胜过意见，学会用恰当的方式说服上级采纳自己的建议，学会合作精神，学会和众多的人友好相处，使自己的工作阻力更少，学会忍耐今天的种种艰辛和拮据，为明天的发展奠定基础。

言行不要越位

一般来说，下属在与上司的相处过程中，其行为与语言不应该超越自己的身份和职位，也就是不能越位。

处于不同层次上的人员的决策权限是不一样的，有些决策是下属可以做出的，有些高层决策必须由领导做出。如果下属按自己的意愿去做必须应由领导决策的工作，就是决策越位。

有些场合，如宴会、应酬接待，上司和下属在一起，应该适当突出上司，不能喧宾夺主。如果下属张罗过欢，过多炫耀自己，是很不明智的。

有些既定的方针，在上司尚未授意发布消息之前，下属不能犯自由主义。

表态是人们对某件事情或问题的回答，它是与人的身份相关联的，如果超越自己的身份而胡乱表态，不仅表态无效，而且还会喧宾夺主，使领导和下属都陷于被动。

有些场合，上司不希望下属在场，下属一定要了解上司有关这方面的暗示，否则就会造成场合越位。

在和上司相处的过程中，下属如果不重视上司的社会角色，在对外交往过程中说话过分随便，往往容易造成场合越位。

曹操赤壁兵败后，哀叹说："如果郭奉孝（郭嘉）还在，我不会落到今天这个地步。"这话明里是在怀念郭嘉，暗里却是认为这群谋士皆是酒囊饭袋的意思。

谋臣当中自是有人心里不服气。早在用兵前贾诩就曾建议曹操要好好经营荆州，不必急着伐吴，他日水到渠成，孙权自然会来归附。曹操如果采纳他的建议，也就没有后来的赤壁惨败了。

曹操把战船用锁链连在一起时，程昱说："船皆连锁，固是平衡，彼若用火攻，难以回避，不可不防。"曹操说冬天刮西北风，他们怎么用火攻？

后来起了东南风，程昱告诫曹操小心，曹操说："冬至一阳生，来复之时，安得无东南风，何足为怪！"

同样的建议，如果是郭嘉提出，曹操自然会言听计从，为什么？因为郭嘉其人，曹操最为信赖，而其余谋士的建议，在曹操心中就要大打折扣了。

同事相处要多加提防

假如有人在你面前斜肩微笑，事事要好，你必须谨防他。你一朝失势，首先落井下石的即是这类人。

在职场之中，同事之间的关系有时候也很难处理。同事之间存在着各种合作与竞争的矛盾，十分微妙而复杂。要让自己在职场之中成功立足，既要与同事很好地相处，同时又要保护自己不受伤害，最为重要的是要小心谨慎，有时还要运用一些必要的技巧。和同事相处，不可小心眼，但是也必须多个心眼；绝不可意气用事，必须冷静一些、理智一些。说话小心些、为人谨慎些，避开生活的误区，使自己处于进可攻、退可守的有利位置，牢牢地把握住在职场中的主动权，都是十分有益的。必须尽可能地把脸皮磨厚，利用厚脸来有效地保护自己。即使对方有意攻击和指责自己，必要时也要忍耐下来。

唐朝武则天时，尽管很多唐朝宗室和唐室的股肱大臣都被武则天加害，但还是涌现出了不少杰出人才，且能保存自己，娄师德就是其中之一。他不但是有着“台辅之气”的文臣，而且还是当时抵抗吐蕃入侵的著名将领，是不可多得的文武能臣。武则天对其十分赏识，曾经将其升至宰相，又委以全权处理边境事务的重任。在当时的环境之下，娄师德不但成功明哲保身，而且还能实现自己的抱负，于国于己都算成功。

娄师德胸怀宽广，对待同僚的态度极为温和。娄师德身长八尺、方口薄唇，即使冒犯他也不计较。一次，时为纳言（侍中）的娄师德和内史令（中书令）李昭德一起入朝。娄师德长得胖，所以走不快；李昭德性子急，走得快，一次又一次等娄师德，后来不耐烦了，回头对娄师德说："都是被你这个乡巴佬耽搁了。"娄师德却笑着说："我不是乡巴佬，那谁是乡巴佬啊？"

娄师德升为宰相后，一次巡查屯田。出行的日子已经定了，部下随行人员已先启程。娄师德因脚有毛病，便坐在光政门外的大木头上等马。不一会儿，有一个县令不知道他的身份，自我介绍后，跟娄师德并坐在大木头上，娄师德也并不介意。县令的手下人远远瞧见，赶忙走过来告诉县令说："这是宰相啊。"县令大惊，赶忙站起来赔不是。娄师德却开了个玩笑，将这件可大可小的事情一笑了之。

李义府是唐高宗和武则天时的大臣，曾经官至右相，可谓位极人臣、权倾一时。但是根据史书记载，这位当朝宰相并不是一位谦谦君子，而是一位小人。他看上去温和恭谦，和人说话时也往往微笑平和，也常常恭维他人，但实际上却阴险诡诈。在他当权时，排斥异己，对那些稍与自己的政见不合者就会进行陷害和诬构。当时人们都说李义府笑中带刀，由于他表面上柔和、背地里害人，因此人们称之为"李猫"。李义府表面一套、背后一套，大搞-顺我者昌、逆我者亡，很为百官所痛恨。但是皇帝和一些大臣却始终被蒙在鼓里，还以为他是谦谦君子。

李义府之后的李林甫更是一位花言巧语、口蜜腹剑的高手。李林甫迎合玄宗的旨意自然不用说，他还尽力谄媚结交玄宗亲信的宦官和妃子。就是和一般人接触，李林甫也总是在外貌上表现出同人很友好，非常合作，尽说好听的、善意的话。可是实际上，他的性情和他的表面态度完全相反，他竟是一个非常狡诈阴险、常常使坏主意来害人的人。李林甫和李适之都是唐玄宗时期的宰相，一次，李林甫对李适之说："华山上有金矿，开采出来的话，可以富国。皇帝还不知道这件事呢！"第二天，李适之就将这件事情上奏。玄宗征求李林甫的意见，李林甫说："这事我早就知道。不过陛下是在华山诞生的，那是王气所在之地，不能开凿，所以我也没说。"玄宗一听，认为李林甫才是真正忠爱自己的，而李适之即使不是图谋不轨，至少也是冒冒失失，因此对他极为不满。从此之后，皇帝对李适之渐渐疏远，一直到其被陷害致死。李林甫十分奸邪，且又极其工于心计，而作为一个诗人，李适之就多少有点大大咧咧。这样，谁胜谁负，自然就容易预料了。

与其同时在位的张九龄，也为人耿直忠贞。一次，唐玄宗想要破例提拔大字不识几个的牛仙客，张九龄认为玄宗这样做恐怕难孚众望，于是约同是宰相的李林甫一起到玄宗面前据理力争。李林甫当面表示赞同，但在晋见玄宗之后却哼哼哈哈，几乎不置一词，在事后又私下讨好牛仙客。当玄宗重用牛仙客的主意已定之后，李林甫一面在暗地里攻击张九龄不识大体，一面又在玄宗面前鼓吹说："天子用人，有什么不可以的呢?!"人称"口蜜腹剑"的李林甫人前一套、背后一套的手段，可以说运用得淋漓尽致。在很长一段时间里，众人尤其是皇帝都被他所欺骗，他也一直在朝中做了19年的官。

娄师德之所以能够在当时险恶的官场中安然无恙，还有所建树，就是因为他善于处理和同僚甚至下属的各种关系。别人称他是乡巴佬，下属对他不尊，他都没生气，充分说明了他小心翼翼地处理着各种关系，而这当然是和他异乎常人的宽容忍耐的胸怀是分不开的。

在职场之中，像李林甫、李义府那样口蜜腹剑的人是经常有的。如果和他们相处时不多个心眼，不懂得加以提防，不懂得运用智慧去对待他们，到头来吃亏的只能是自己。

第八章

交际要方，待友要圆

广结人缘，多交朋友

俗话说："一个篱笆三个桩，一个好汉三个帮。"方圆交友的人要善于储存朋友。人与人之所以会成为朋友是因为在友谊中彼此能收获一份美好的情感或其他想收获的东西。所以要收获友情，我们首先得知道自己能给予别人什么。

卡耐基有这样一位朋友，既没有学历，也没有金钱，更没有人事背景，但是他却成为了一位成功的企业家。他到底是如何成功的呢？他是一个很会体贴他人的人，他对周围人的体贴甚至超过了别人的需求。只要你说要上他那里玩，他都会表示万分欢迎，希望你能在他那儿住几天。背地里，无论是多么拮据、内心多么苦恼，他都好像随时在等着你的来临，热情地接待你。甚至在你回去的时候，还要为你准备些小礼物、土特产。

无论是多么忙碌，他都不会表现出你的来访对他会是一种麻烦困扰，就连平时最害怕打扰朋友的人也会常去他那里坐坐。他说："像我这样既无学历又没财力，更没有人事背景的人，能有今天的成就，实在有不足为外人道出的辛苦。像我这样一无所有的人，如果要与别人来往，就不能不令对方感到和我来往会得到某些愉快与益处。"

事实上，以前的他是孤独的，别人都不想理他、与他往来。他一直忍耐着寂寞，努力奋斗，度过那段日子，而他也就在其中学会了与人交往之道，比如给别人某些方面的益处，别人是不会无动于衷的。所谓某些方面的利益，有时是精神方面的，有时是物质方面的，总之，别人得不到益处，是不会来接触他的。

朋友交往之道，首先想到的应该是给予而不是索取，只想索取是无法交到朋友的。出身名门的富家子弟，他也想能成功地做出某些事情来。但是，当他与别人交往的时候，首先就会考虑这个人对自己有什么利用价值。也许与这个人交往，以后向银行贷款时会比较容易；也许与这个人做朋友，他会教给其致富之道；也许这个人会将土地廉价出售给自己，也许会将办公室借给自己。他就是如此这般地对周围的人怀着期待之心、算计之意，认为与自己接触的人都会带给自己某些利益。这样的人太过急功近利，不要说能交成多少朋友，即便是有些朋友，到头来也会渐失人心，成为孤家寡人。

其次，交朋友不能太过挑剔，这样才能广交朋友。固然，我们都推崇交“知己”“好友”，但是朋友有很多类型，多交各种类型的朋友才能编织更大的人际关系网。我们不但要有生死与共、患难不移的朋友，也要善于和有这样那样的缺点错误甚至是反对自己的人交朋友。他山之石，可以攻玉。广泛地结交那些不同职业、不同爱好、不同身份的朋友，有时也能相得益彰。“兼听则明，偏听则暗”。结交各式各样的朋友，对于取长补短、开阔视野、活跃思维都是有益的。

还要注意的是网罗你的朋友的过程要循序渐进，不能太操之过急，否则就会“吓跑”这个朋友。

布朗先生参加一个社交聚会，交换了一大堆名片，握了无数次手，也搞不清楚谁是谁。

几天后，他接到一个电话，原来是几天前见过面，也交换过名片的“朋友”，因为那位“朋友”的名片设计特殊，让他印象深刻，所以记住了他。

这位“朋友”也没什么特别目的，只是和他东聊西聊，好像两人已经很熟了那样。

布朗先生并不高兴，因为他和那个人没有业务关系，而且也只见了一次面，他就这样打电话来聊天，让他有被侵犯的感觉，而且，也不知和他聊什么好！

在现代社会中，这种情形常会出现，以这位“朋友”来看，他有可能对布朗先生的印象颇佳，有心和他交朋友，所以主动出击，另外也有可能是为了业务利益而先行铺路。但不管基于什么样的动机，他采取的方式犯了人际交往中的忌讳——操之过急。

我们要遵循的法则是：“一回生，二回半生不熟，三回才全熟。”而不是“一回生，二回熟”！“一回生二回熟”还太快了些，“一回生，二回半生不熟，三回才全熟”则是渐进的，而且是长期的、对方不知不觉的。这样才能如你所愿地交上朋友。

最后，不要妄下判断谁对你重要、谁会成为你的好朋友。第一印象往往是最不可靠的，所以，在未与人交往一段时间之前，不要立即对一个人妄加判断。同时，也不要随便听信别人的闲言闲语，让自己保持一个开朗的胸襟，以眼见的事实客观地去评断每一个人。这样你才会有一个交友的广泛空间，才能有足够的空间让你去交你想交的朋友。

卡耐基认为，人要想立足社会、出人头地，千万不能“友”到用时方恨少。不论眼下如何，随时随地广结人缘，先多“储存”些朋友再说。这种人是最聪明的人。

把握好生命中的贵人

人人都可以成为你的贵人，在你生命当中的某一阶段、某个时刻、某一件事上，在你最需要援助之手的时候，能够给你所需要的东西——哪怕只是一句话、一个眼神、一个微笑，他都可以因为改变你的人生而成为你的贵人。

我们为了成功而寻找的贵人就是可以发掘自身潜力，给我们提供展现个人能力空间的人，贵人是我们事业起步和发展的关键，是我们迈向成功的加速器。贵人不是有义务照顾我们的保姆，也不会坐在人生的某个十字路口等待我们，我们必须要有个主动的态度去寻求贵人，而不是苦苦等待，并且适时选择、变换贵人。贵人相助，可以使你迅速地脱颖而出，缩短成功的时间，还可以为你提供一定的庇护——就像一份保险。而贵人在哪里呢？就在你的朋友中。方圆交友要善于捕获可供利用的贵人。

威廉·比利·菲泽斯通是一位非常优秀的专业推销员，很善于做公关工作。20 多年来，他一直与研究成功学的大师斯坦利博士是朋友。

一次，一家大型股份公司的资深副总裁和美国国内的销售经理要斯坦利博士在一个星期六的早上为在达拉斯的 100 名高级专业人员开一次专业讨论会。由于讨论会包括角色演示与情景分析，斯坦利博士邀比利前去参加。当时，比利正在向总部在达拉斯的 J. G. 彭妮商行推销女式运动服，包括蓝色牛仔裤。比利从斯坦利博士那里获取了那位国内销售经理的名字及联系方式，然后打电话给国内销售经理的秘书，知道了有关讨论会的具体地点和时间安排，并从秘书口中获悉那位销售经理赫尔曼先生的太太喜欢穿蓝色牛仔裤。在确定了赫尔曼太太的牛仔裤尺寸后，就指派老资格的女裁缝特别加工了一打牛仔裤，送给了赫尔曼太太。就是这件事，激起了赫尔曼先生的巨大热情，整个讨论会获得了很大成功。随后，赫尔曼先生邀请斯坦利博士举办另一次讨论会，也许是因为比利的蓝色牛仔裤，因为比利从没告诉过赫尔曼先生是他送来的牛仔裤，他只是在包装盒里放了一张字条，上面写着“汤姆·斯坦利赠”。结果，赫尔曼先生的公司购买了许多有关斯坦利博士讨论会的书籍、磁带和其他资料。朋友即是贵人，贵人就在朋友里。

让我们仔细回想一下自己的生活经历，在重大的转折发生时，谁起了关键的决定性作用？这些人是你从家庭继承下来的世交呢，还是成年后自己逐渐结交的朋友呢？我想，这其中至少有一半是我们自己创造的朋友。社会在变化，世事在演化。我们和朋友都是由陌生到熟悉，再到深交。只有善于把陌生变成熟悉，我们的朋友才能越来越多。

俗话说：“万事开头难。”与完全陌生的人开始一次交谈确实是很困难的。这里有一些技巧，让你能借此走近陌生人。

你不要试图谈一些有深远意义的或深奥的问题，只要谈一些简单甚至琐碎的问题，或评论在你身边发生的事。你可以谈谈天气、市场上的菜价，而不是国际时局、经济走势。讲话要切中要点，不要琐碎而词不达意，这样会让人失去与你交谈的兴趣，避免一次发言过长，以免给他人留下说话唠叨、办事拖拉的印象，在谈话的过程中要少谈自己、多谈别人，这样才能调动对方的兴致。如果交谈双方的观点有差异，可以有些争论，但要避免产生不满的情绪或者选择避而不谈。

伦纳得·朱尼博士认为，人们能否成为朋友，关键在于他们相互接触的第一个五分钟。在日常生活中的确有这样的体会，比如在旅途中，坐在你对面的人，如果你们一见面就开始交谈，那么这种交谈多半会继续下去并贯穿整个旅程。如果一开始就没有进一步接触的兴趣，往往就会一直沉默到分开之后。所以，如果你想接近一个人，那么不要放弃“第一个五分钟”。在这五分钟内，记住，要表现出友好和自信、同情和体谅。因为绝大多数人都喜欢那些喜欢他们的人。我们的人生，总是具有戏剧性的色彩，“有心栽花花不开，无心插柳柳成荫”用来形容人的机遇真的很合适，人生总是在与他人偶遇，一句话、一堂课都可以改变我们的生活。

有很多这样的人，“偶然”相遇，认识某人后开始新的成功的路途。这当然不能靠投机的心理，却需要一颗有准备的心。有些人会关照“偶然”相遇，有些人则不然。不相信这种相逢机会的人们，对它不会在意。懂得掌握机会的人们，平常就会做好接纳偶然相逢的心理准备。当机会出现时，他就会千方百计抓住这样的机遇，抓住生命中的“贵人”，改变自己的命运。

一次，哈维·麦凯在一项募捐活动中见到了总统的女儿。在接待队伍中见到这位年轻女孩大约5秒钟，他不能确定她是谁的女儿。因为杜鲁门、罗斯福、肯尼迪、约翰逊、里根、布什及克林顿，都至少有一个女儿。如果唐突地问：“你是哪位总统的女儿?”简直就是世界第一号人傻瓜了，那会有多尴尬。麦凯的事业需要总统女儿的帮助，所以他又不能错失这个机会。他只是简单地说，在她父亲选举时，自己曾帮助过他，最后一票投给了她的父亲。人们认得总统，却不一定记着他们的诸多子女。能够被认出来，并且是自己父亲的投票人，心理上先接近了不少。麦凯的事业成功了，这位总统的女儿帮了他。

天下如果有飞不起来的气球，那是因为它没有被打气；天下如果有一辈子都不走运的人，那是因为他没有足够的人缘基金！生命中如果没有一个贵人出现，就会是艰辛而没有收获的。好好把握生命中的贵人吧。

善于结交各种朋友

好的朋友不仅可以使我们生存在一定的精神高度，同时也可以使我们感到温馨和自由自在。朋友对事业的发展有举足轻重的作用，有时甚至会超乎我们的想象。

人生得一知己足矣。当今为人者既要广泛交友，又要审慎选择。如何做到这一点呢？正如鲁迅先生曾经说的：“我还有不少几十年的老朋友，要点就在彼此略小节而取其大。”略小节，取其大，就是不斤斤计较小节，而要从大处着眼。看人首先看大节，不是盯住对方的缺点错误不放，而是用发展的、变化的观点看人。如果不能略其小，取其大，就不能与人为善，也就不能全面而客观地评价一个人，就可能一叶障目、不识泰山，就可能把朋友推开，就可能得不到真正的友谊。

毛泽东同志胸怀博大，善于结交各种各样的朋友。青少年时期，他同蔡和森、陈潭秋等人组织新民学会，结交了一大批有志之友。投身革命后，有朱德、周恩来等一批亲密战友在他身边。

同时，毛泽东还与李淑一、周士钊、柳亚子等许多平民百姓、民主党派人士交朋友，结下了深厚的情谊。通过朋友，他掌握了社会各阶层各党派的情况，为发展统一战线、制定党的方针政策作出了巨大贡献。

可见，“兼听则明，偏听则暗”，结交各式各样的朋友，对于取长补短、开阔视野、活跃思维、都是有益的。

干大事者周围多有谋臣策士，使之诸事顺畅；一旦陷入僵局的时候，自有这些谋士帮忙使之化险为夷。善于使用智者，实在是一种高超的能力。

人才是专才，不可能是全才；用人所长，那么这个人就是人才；如果用人不用其所长，那么这个人就不能称作人才。比如，我们常常把那些没有什么正经事做，游手好闲的人称作“鸡鸣狗盗之徒”。在一般人看来，进入这个范围的人可能这辈子就没有什么戏了。但是不然，下面的例子真应了李白那句“天生我才必有用”的著名诗句。

春秋时期，齐国派孟尝君出使秦国，秦昭王想让孟尝君做相国。有人劝秦昭王说：“孟尝君很有本事，又和齐王是本家，如果在秦国做了相国，他一定先替齐国打算而后才为秦国谋利，那么秦国就危险了。”

于是秦昭王就不让孟尝君当相国了，而且把他关了起来，想把他杀掉。孟尝君派人求秦昭王的一个宠姬帮着解脱。这个宠姬说：“我想要孟尝君的白狐狸皮裘。”

孟尝君有这样一件皮衣，价值千金，天下无双；然而他在到秦国以后，就献给了秦昭王，现在再没有这样的皮衣了。孟尝君很发愁，问遍门客，谁也想不出对策。这时，常坐在最后边座位上的一个食客说：“我能弄来白狐裘。”他在夜里进入秦王宫中储藏东西的地方，偷出孟尝君献给秦昭王的那件皮衣。孟尝君又把这件皮衣献给了那个宠姬。宠姬替孟尝君向秦昭王讲了情，秦昭王就把孟尝君放了。

孟尝君行动自由了以后，改了姓名，混出咸阳，半夜时分，到了函谷关。秦昭王放了孟尝君以后，又后悔了，让人去寻，而孟尝君已经逃走了，于是他就派人驾车追赶。

孟尝君逃到函谷关下，很怕追兵赶到。秦国有一条规定：鸡鸣以后才准放人通行。这时，另一个常坐在后边座位上的食客说他能学鸡鸣。于是他学起了鸡鸣，随后附近的公鸡也被引得齐声鸣叫起来。守关的人听到鸡叫，就开关放人通行，孟尝君得以出关去了。

过了不久，秦昭王派的追兵来了，却扑了一个空。

当初，孟尝君把这两个做狗盗、学鸡鸣的人当宾客招待，别的宾客觉得是辱没了自己，脸上无光。但当孟尝君在秦国遭难而靠这两个人才得救之后，别的宾客都佩服这两个人了。

要干成一件事，往往会遇到许多意外的问题，因此也就需要各种不同类型的人才来帮忙。广交各界朋友，方能在你有困难的时候，他人及时伸出援手，这才是方圆交友之道。

依靠朋友要有度

俗话说：“天有不测风云，人有旦夕祸福。”谁没有“马高凳短”的时候，生活难免遭遇困难，这个时候我们需要别人的帮忙。我们都知道朋友之义正如“为了朋友可以两肋插刀”所透露出的，朋友之间需要相扶相助。但是要明白一个道理，需要别人帮忙是难免的，但没有人会帮人一辈子，没有人能一辈子靠别人帮忙活下去。依靠朋友要方圆有度，否则友谊就可能变仇怨。

打个比方，朋友就像是消防队员，在你遇到紧急情况时才求助他们，自己能办到的还是要靠自己。朋友不是你的影子，随时随地跟着你；朋友不是你的老师，发现你的错误就能及时指出、有问必答；朋友不是你的父母，可以无私地包容你的一切。朋友能做的，是在你有困难而他们能帮得上忙时伸手拉你一把。

请记住，朋友是一种资源，应该在最需要的时候用。朋友是消防队员，救急不救穷。这有两重意思，一是指如何利用朋友资源，指的是何时应该请求朋友的帮助；二是指应如何帮助朋友。有求必应说的是天神，而非朋友。

朋友是一笔资源，可以使用却不宜透支。朋友之间交往最现实最常见的就是金钱问题。这里有一则故事：

张强是一个私营印刷厂的老板，有钱，人也特别好。李文和张强从小学到大学一直是同学，是好朋友。但过了三年后，两人的情况却相差悬殊，李文在一所县城中学当教师。当然这并未妨碍张、李二人继续是朋友。

因为张与李是好朋友，张强富有，而李文相对而言家境不好，李文的妻子是下岗职工，儿子力力正上小学，以李文一个人不多的工资来照顾这个家庭，生活过得很艰难，李文因此经常会向张强借一些小钱，以补家用。张强也不太在意这些小钱，几乎是有求必应，这样久了以后他们之间的朋友关系就不再平衡了。

俗话说，吃人家的嘴软，拿人家的手短，李文难以用平等的心态对待张强，难免会产生不服、嫉妒、自卑的心理，想当年你我差不多，甚至你还不如我，凭什么你现在就可以大把大把地捞钱，而我却只能靠向你借钱来维持生活。本来应该有的感激之情也荡然无存，反而心怀恶意。

零星借来的钱被李文一家用掉了。本来没有这笔钱也可以过得去，少吃几次肉几次鱼也就罢了。张强的钱对他们的生活没有多大影响，但一旦借了些钱，李文近期又难以偿还，这对李文是心理上的负担，主要是对李文的自尊心有影响，这种情况长期持续下去，李文在张强面前慢慢就会失掉自尊，开始自卑。一个没有自尊的人是什么事都会干得出来的，张强借钱是好心帮助他，却不一定有好的结果。

一段相当好的友谊就在这样的“透支”过程中消失了。只能说他们两个人都没有领悟到其中的道理。试想，如果张强和李文一个不随意向好友请求帮助，一个不随意答应本就可以不必帮的忙，那么结局就不会是这样。

自己的生活要靠自己来打理，向朋友请求帮助一定要合情理，否则就会陷入失去友情的境地。

拒绝朋友的请求有方法

日本一所“说话技巧大学”的一位教授说：“央求人固然是一件难事，而当别人央求你，你又不得不拒绝的时候，亦是叫人头痛的。”因为每一个人都有自尊心，希望得到别人的重视，同时我们也不希望别人不愉快，因而，也就难以说出拒绝之话了。

朋友之间本该互相帮助，朋友请求你帮忙，我们自当尽力帮忙。但这也并不是一味反对帮助朋友，只是说不要对人家的一切要求都毫无条件地答应。首先，自己必须得考虑对方提出的要求是否合理、是否影响到自己的利益，即使对方提出的要求合情合理，但如果影响到自己的利益也不能答应。如果对方的要求既不合理，又影响到自己的利益，那无论是多么亲密的朋友也不能答应，因为你的答应是以损害自己的利益为前提的。

不过，话说回来，朋友之间这样的要求是极少的。那么，对方提出的合理合法的要求你是否一定都得答应呢？并不见得。因为许多事并不是你想做就能做到的。有时受各种条件、能力的限制，一些事是很可能完不成的。因此，当朋友提出托你办事的要求时，你首先得考虑，这事你是否有能力办成，如果办不成，你就得老老实实地说：我不行。这时，如果脸皮厚不下来，随便夸下海口或碍于情面不好意思拒绝都是非常有害的。我们知道，言而有信是做朋友的信条，也是友谊的基础。明明办不成的事却承诺下来，到时候不仅令人失望，还可能耽误朋友的事情。因为如果你办不成，他可能找别人办或另想其他的法子，但你答应了却没有办成，这样做就会伤了感情。这就是脸皮儿薄的苦果。

拒绝朋友的请求方圆有道，可以让你既保护了对方的自尊又不伤感情，这样你也不必去做违心的事了。

1. 留有余地

对把握性不大的事可采取弹性的说法。如果你对情况把握不是很大，就应把话说得灵活一些，使之有伸缩的余地。例如，使用“尽力而为”“尽最大努力”“尽可能”等灵活性较强的字眼。这种方式能给自己留下一定的回旋余地，但一般会给对方留下疑虑，取得对方信任的效果要差一些。

2. 从时间上推脱

对时间跨度较大的事情，可采取延缓性的策略。有些事情，当时的情况认准了，可是由于时间长了，情况就会发生变化。

魏晋时，天下多事，以致名士们也少有保全自己而不受损害的。阮籍是竹林七贤之一，他常常酗酒托志，拒不参加世事。

司马昭为收买名士，要阮籍把女儿嫁给自己的儿子。别人也许很想尝尝当国丈的滋味，但阮籍不想为了一时的尊荣而留下千秋骂名，因为司马家族的篡逆丑行人神共怒。

不过，要明确拒绝司马昭，立即就有杀身之祸。按通常的思维，阮籍要么选择当下富贵和后世垢名，像钟会；要么选择身盖黄土和名垂青史，像嵇康。

这两种人阮籍都不想当。他不在这两者中做选择，采取了拖延策略：天天在家饮酒不朝，连续醉了60多天。60多天后，连司马昭都忘了娶女之事了。这真是：“天下事左难右难，何妨一拖了之。”

3. 提出必要的条件

对不是自己所能独立解决的问题，应采取隐含前提条件的办法。也就是说，如果你所作的承诺不能自己单独完成，还要谋求别人的帮助，那么你在说话时可带一定的限制词语。

比如，朋友托你帮忙办理家属落户的问题，这涉及公安部门和国家有关政策，你不妨这样说更恰当一点："如果以后公安部门办理农转非户口，而且你的条件又符合有关政策，我一定帮忙。"这里就用"公安部门办理"和"符合有关政策"对你的话的内容作了必要的限制，既见自己的诚意，又话语灵活、具有分寸，还向对方暗示了自己的难处（也要求人），可谓一石三鸟！

此外，如果对朋友拜托你的事你确实无能为力，只要你和颜悦色地把实际情况告诉他，站在他的立场上帮其出出主意，想想可以找什么人，哪怕听听他吐苦水，好好安慰安慰他，他也不会责怪你，还是会珍惜你们之间的情谊的。

选择朋友要慎重

“朋友”之中，固然有“道义相砥，过失相规”的“畏友”，“缓急可共，生死可抵”的“密友”，但也有“甘言如饴，游戏征逐”的“昵友”，甚至有“利则相攘，患则相倾”的“贼友”；有欧阳修赞扬的“同道”的朋友，也有他深恶的“同利”的朋友。再者，如鲁迅说的，骗子有屏风，屠夫有帮手，在他们之间，也可以叫作“朋友”的。俗话说的“雪里送炭真君子，锦上添花是小人”。这“添花”的，不用说也是“朋友”，至于看别人有权有势恨不得叫声爹，失势时立即落井下石，以及“人前握手，人后踢脚”，而又面不改色心不跳的人物，也都会被人视作“朋友”的。天下之大，无奇不有，“朋友”的花样，也是各种各样的。

所以，慎重选择真朋友，警惕交上假朋友，就成了处世之道的重要一条。

要选准真朋友也并不那么简单，所以古人常有“相识满天下，知音能几人”的慨叹，对于“世味年来薄似纱”“知人知面不知心”的炎凉世态痛心疾首。

那么，择友的标准又是什么呢?《后汉书·刘陶传》中说刘陶：“所与交友，必也同志。”《国语》中说：“同德则同心，同心则同志。”孟轲告诫人们：“人之相识，贵在相知；人之相知，贵在知心。”《韩诗外传》说：“同明相见，同音相闻，同志相从。”晋人傅玄在《何当行》中讲：“同声自相应，同心自相知。外合不由中，虽固中必离。管鲍不出世，结合安可为。”他们都强调了“同心”“同志”。古希腊哲学家德谟克利特指出：“只有那些有共同利害关系的才是朋友。”

友有“益友”“损友”之不同。孔子说“益者三友”：“友直、友谅、友多闻，益矣”；“损者三友”：“友便辟，友善柔、友便佞，损矣。”就是说，要与正直的、诚恳的、见闻广博的人交朋友，这才有益；同谄媚奉承、当面恭维背后诽谤、喜欢夸夸其谈的人交朋友，那是有害的。交益友，在品德上可以互相砥砺、在工作上能够互相促进、在生活上可以互相照顾，有了困难互相帮助，有了缺点能够互相规劝、批评，在学识上能够互相取长补短，这对一个人的成长进步无疑大有好处；反之，交了“损友”，当面说好话，总给你灌迷魂汤，背后却耍手腕、使绊子，甚至攻讦戕害，那自然是有害无益、有损无补了。

有的人犯错误，栽跟头，除了主观上的原因外，从客观上说，与交上了“损友”也有很大关系。

西班牙作家塞万提斯说：“重要的不在于是谁生的，而在于你跟谁交朋友。”也是在强调择友的重要性。而毛泽东说的“朋友有真假，但通过实践可以看清谁是真朋友、谁是假朋友”，则可以看作是教给我们的择友方法，即从实践中听其言、观其行，其所言所行合乎“同道”的“畏友”“密友”“益友”者，一股来说可以称之为真朋友；其所言所行堕入“同利”的“昵友”“贼友”“损友者”，自然便是假朋友。是真朋友，自然可交、当交。是假朋友，则应毫不犹豫地与之“息交以绝游”。否则，近墨者黑，染于苍则苍，便晦之晚矣！有《结交行》诗曰：

种树莫种垂杨枝，结交莫交轻薄儿。

杨枝不耐秋风吹，轻薄易交还易离。

此正是：“友也者，友其德也。”戒之慎莫忘！这就要求我们交友要有规矩，即方，这样才能广交友、交好友。

朋友也要分清亲疏远近

生活中人来人往，每个人都会结交很多朋友，这些朋友里头有挚友，也有点头之交，“朋友”二字网罗的人是形形色色，有的朋友对你很真诚，而有些和你相交也许只是看中了某种利益。也许你是个很重朋友感情的人，要让你对朋友作出远近亲疏的区分觉得很为难。但是，对待不同的朋友我们要采取不同的方式和策略，错误的友情会给你带来错误的行动，最后吃亏的可能就会是你，为什么不对朋友作一个分级，好好地保护自己呢？这说的也是交友方圆有度。

分等级可简单地分为“可深交级”及“不可深交级”。

可深交的，你可以和他分享你的一切；不可深交的，维持基本的礼貌就可以了。这就好比客人来到你家，真正的客人请进客厅，推销员之类的在门口应付就可以了。

如果要稍微细致一点分级，理顺朋友关系，就可以建立一个朋友档案。

要建立一个有效的朋友档案，第一步就是筛选。把与自己的生活范围有直接关系和间接关系的人记在一个本子上，把没有什么关系的记在另一个本子上，这就像是打扑克中的“埋底牌”，把有用的留在手上，把无用的埋下去。

第二步就是排序。要对自己认识的人进行分析，列出哪些人是最重要的、哪些人是比较重要的、哪些人是次要的，根据自己的需要排队。这就像打扑克中要“理牌”一样，明白自己手里有几张主牌、几张副牌，哪些牌最有力量，可以用来夺分保底，哪些牌只可以用来应付场面。

由此，你自然就会明白，哪些关系需要重点维护和保护、哪些只需要保持一般联系和关照，从而决定自己的交际策略，合理安排自己的精力和时间。

第三步要对关系进行分类。生活中一时有难，需要求助于人，事情往往涉及很多方面，你需要很多方面的支援，不可能只从某一方面获得。

比如，有的关系可以帮助你办理有关手续，有的则能够帮助你出谋划策，还有的则能为你提供某种信息。虽然作用不同，但对你都可能是至关重要的，所以一定要进行分门别类，对各种关系的功能和作用进行分析、鉴别，把它们编织到自己的关系网之中。

设计朋友档案也许不难，但是把它的内容落到实处就不那么容易了。有了一个好的朋友档案后，你应懂得如何保护与维护好这个档案，使它一直有效。你应该不断和档案上的人保持联系，加深彼此的相互了解与合作，保持旧的关系、发展新的关系，使自己的重要人物越来越丰富。

当然，你的朋友分级档案也要根据你的交际变化作调整。

在实际生活中，需要调节人际结构的情况一般有三种：

一是奋斗目标的变化。也许你的奋斗目标已经实现，于是，新的奋斗目标就出现了，比如你想弃政从商，这需要你及时调节人际结构，看看哪些人对你的新目标更有用，以便为新的目标有效地服务。

二是由于生活环境的变动。在当今这样的信息社会，人口流动性空前加快，本来在甲地工作的你，忽然到乙地去工作。这种环境变动，势必会引起人际结构的变化。

三是某些人际关系的断裂。天有不测风云，朝夕相处的亲人去世了，在悲哀的同时，不能不看到人际结构的变化。

为此，我们在建造人际结构时，就要努力为自己建造一种开放性的人际结构，及时进行新陈代谢。而一切使人际结构僵硬化、固定化的态度和方法，都不是方圆交友的人所应持有的。

第九章

经商谋略，懂得方圆

专心致志地做好一件事

一个人不能同时骑两匹马，骑上这匹，就会丢掉那匹。所以，聪明的商人会把分散精力的事情置之度外，专心致志地做一件事，争取把事情做到完美。

狼很少攻击比自己强大的动物，除非是在毫无退路的情况下，它们才会与比自己强大的动物进行殊死搏斗。在围捕猎物时，狼群总是选择那些衰老的、幼小的、虚弱的或者有明显弱点的动物。狼群只是为了得到它们所需要的食物，杀死对方并不是它们的目的，它们的目标单纯而专注——以最小的代价换取最多的食物，这是狼的生存哲学。

狼与生俱来的专注能力告诉我们，在商界打拼要专一，一心一意的人才能笑到最后。范敏便是这样的人。

1999 年．范敏和三位友人在上海创建了携程旅行网。起初，携程旅行网的业务是酒店预订，2000 年组建了呼叫中心，后来逐步发展了机票预订业务和度假产品。如今，携程旅行网已成为国内最大的在线旅游预订平台，占有国内市场一半的份额。

同样做酒店预订，为什么携程的预订量特别大，而其他公司的业务量就不行呢？其成功的秘密就在于“打电话”的学问。如果拨打携程的免费订票电话，你会感觉每次接电话的似乎都是同一个人：20 秒之内一定会接通，语气轻柔，一般 180 秒内就能完成预订。

在接电话的细节上，范敏下了很大的功夫。携程的呼叫中心投入使用之后，范敏每天拿出半个小时专门听电话，随机切入顾客拨入携程的任何一个预订电话中，发现接线员在回答顾客的问题时有不到位的地方马上记录下来，专门做分析，重点整改。他不厌其烦地一遍一遍地听、一个字一个字地斟酌，最后才形成了统一的标准：接线员怎么说、说什么、说多长时间。

为什么范敏花费这么大的精力在如何接电话的问题上呢？对此，范敏解释道："我一直从事旅游行业，就这个行业来说，你怎么接电话、怎么让人家给你东西、怎么把东西递给人家、怎么说谢谢，这些细节堆在一起，就反映出你有没有可持续发展的核心竞争力。"

范敏强调，携程能成功，不是因为打造了酒店预订、机票预订和度假业务等几大赢利点，而是因为专注做好一件事。先埋头做酒店业务，成功之后再开发机票预订、度假业务。携程的原则就是，在每推出一个新项目之前，必须保证现有业务已非常完善。"如果当初这些项目一窝蜂地上，携程肯定做不成现在这样。"

只做好一件事，意味着集中精力发展，而不是多元化发展。很多人涉足很多领域，学习很多知识，其实内部很虚弱，每一项都没有很强的竞争力。目标定了很多，什么都想做，但什么都没有做到最好，实质是没有自己的核心竞争力。从商业的角度来讲，专注者得市场，因为专注可以弥补技术上的不足。中国台湾集成电路公司在放弃其他生产线，决定只做来料加工时，曾经遭到内部管理人员的抵制，但事实证明这条路走对了，现在美国前十大设计公司几乎都是它们的客户。

专注可以提升竞争优势。哈佛大学策略大师波特指出，面对未来经济竞争，唯有与同行策略相异，产品与服务相异，才能长久保持竞争优势。这就要求企业管理者瞄准自己的特长，避开自己的不足，提升自己专业生产方面的竞争优势。四通打字机在 20 世纪 80 年代初期曾经火了一把，但现在几乎没有什么人用它了。四通董事长段永基在反思四通的失败时认为，四通和国内大部分企业一样，犯了一个大而全的错误，当国外的企业都在进行精细的分工合作时，国内的企业却被大而全拖垮了。一个产品，所有的部件都要生产，必然会使创新能力和创新速度下降。

专注者能在竞争中与合作伙伴取得双赢。现在一些企业之所以要搞大而全，一个根本的原因就是合作精神不足，担心配套企业不能配合生产，或认为把自己可以做的部件让给别人去加工是肥水外流。这种思想导致企业摊子越铺越大，结果反而降低了产品的市场竞争力。

“把所有的鸡蛋都放进一个篮子里。”这是商界信奉的一条不成文法则。只有集中所有力量，取得一个行业的垄断和领先地位，再不断地做科研，使自己的技术无法被同行业的竞争者所超越，才能取得超额利润。从这个意义上讲，范敏确实是“一根筋、一条路”，他的故事也告诉了我们，只有集中精力做好最重要的事，才能获得成功。

唯有善隐者才能扭转乾坤

商场如江湖，善隐的人往往最容易出奇制胜。所以，不要小看了那些曾经落魄的人，那可能是他们掩藏自己的一种手段；更不要轻视正在落魄的人，那可能是他在储备力量，等待着爆发的机会。马云就是这样一个人。

刚出道的马云，也曾高调过。他创建第一家网站之前做了大量的宣传，可是这其中的发展却并不顺利。因为太被人关注，让人们产生了过高的期望，可是等到落到实处的时候，却没有了想象之中的精彩，这不禁让人失望。

可是经历了这些之后，马云成长了，他懂得了高调之后的艰辛，同时也学会了低调。纵观马云后来的发展之路，我们不得不说，是低调和善隐让他获得了成功，是在低调之后储备的力量让他在瞬间达到了顶点。

2005 年 7 月的一天，马云神秘地对正在采访自己的一位记者说："两个礼拜前，我做出了这辈子最大的决定。"

"什么决定?"

"这是高度机密，我现在不能告诉你。阿里巴巴高层也只有几个人知道，但知道的也绝不会透露一点风声。不要心急，20 天后，什么都明白了。"

马云公布消息前，谣言四起。有媒体报道，美国网络巨头雅虎并购阿里巴巴。这则"大鱼吃小鱼"的消息引起诸多质疑，如果事实果真如此，马云为何要如此神秘？几天后，阿里巴巴在中国大饭店举行了隆重的记者招待会，当着几百位中外记者的面郑重宣布：阿里巴巴全面并购雅虎旗下的雅虎中国，阿里巴巴也将得到10亿美元现金。消息一出，一片哗然。

自1999年创建阿里巴巴起，马云的大手笔不断，此次并购雅虎中国依旧高调震惊中外。所有人都想知道，谈判桌上的马云到底是用什么打动了雅虎当时的CEO杨致远，他的撒手锏又是什么？马云的撒手锏就是阿里巴巴公司40%的经济效益和35%的投票权，雅虎则出让了雅虎中国和10亿元现金。这场交易，马云是十足的胜利者，不仅壮大了自身实力还打开了知名度，但至于谈判的具体细节，马云却秘而不宣。有一次，记者问他在这起并购中运用了怎样的高招，马云淡然一笑，不予置评。如果他生来是江湖中人，必定如风清扬般潇洒飘逸，出招收招一气呵成，不留半点痕迹。

2005年9月10日，阿里巴巴并购雅虎中国尘埃落定后的一个月，西湖论剑如期举行。到场的雅虎CEO杨致远无意间说出了这样一句意味深长的话："百度一上市的时候我就跟同事说，我把价格定低了。"他把什么价格定低了？很显然，他后悔与马云做那笔交易了。

现在看来，马云始终把雅虎中国看成一枚棋子，怎样布局，心中早已谋划周全。他不允许雅虎在此次并购中控股，却在董事会四人中安插两人，自己仍任CEO。他表面宣称谈判秉持双赢的态度，实质早已为己方留出了足够的员工控股权。表面的谈笑风生，实质的大权在握。

而且，此时的淘宝网正面临美国易趣的强硬对抗。与后者相比，前者虽在市场占有率上具有优势，但却是建立在淘宝免费、易趣收费的基础上的。为了提升淘宝竞争力，阿里巴巴从2003年到2004年共对其追加4．5亿资金，易趣也于2005年初追投1亿美元资金。淘宝只出不进，压力颇大。此次谈判，马云吃定了雅虎手里的现金，不出现金阿里巴巴也绝不交出自己的股份。其实，雅虎中国是马云早已看上的牌，只是时机未到，时机一到，必手到擒来。

从这场并购案中可以看出，马云的商场舞步从容淡定，他的于无声处乾坤挪转更是令人叹服。然而，创业初期的马云却远没有现在这般风光。

1995年4月，马云的草创雏形中国黄页诞生于一间租来的办公室，里面只有一台电脑。马云在付完房租和打理完各种费用后，手里的原始资金10万元钱已经所剩无几，当时的艰辛无以言表。为了打开公司销路，他拿着自己网站的材料到各家企业拜访，说出在当时还无法被人理解的因特网。通常的情况下，马云好不容易蹭进了一家企业的大门，在他滔滔不绝地说个没完的时候，对方先是看怪人一样盯着他一会儿，然后极不耐烦地将他轰出门去。

当他到北京后，更被人当作骗子。有一次，马云实在难以自已，就在北京的公交车上发泄着愤懑："再过几年，北京就不会那么对我！再过几年，你们都得知道我是干什么的，我在北京也不会那么落魄！"

高手，必定要经过种种磨炼，而马云要想修成真人，也在所难免地经受了磨砺。多年的艰辛打拼让马云逐渐坚强、成熟、睿智。商场上，他足智多谋、手法犀利，几乎无人能出其右。

多年后的今天，当初落魄不堪的马云已成为闻名世界的著名企业家，他的创业经历和经典商战被一遍遍地诵读，而他则一如既往地谈笑风生。真正的高手往往不显山露水，隐匿于喧哗的背后，独自揣测着这繁杂的商业江湖。输赢本就难定，那些驰骋其间的各大高手，身怀怎样的绝技无人能够知晓。唯有善隐者，才可能将乾坤暗中偷换，占得商海先机。

时刻保持危机感

有一只野猪每天在树干上磨牙，一只狐狸见到了，感到很奇怪："老兄，现在又没有猎人和猎狗，大好的晴天怎么不坐下来享受一下阳光呢?"

野猪回答道："等猎人和猎狗出现时候再磨牙齿，一切都来不及了。"

显然，这只野猪具备危机意识。我们的生活环境相当优越，并没有野猪那样的生存危机，在解决了生存的问题之后，我们面对的是怎样完善自己、充实自己的问题，不然，等到想要应用的时候再着急就晚了。

不管遇到什么困难，都要坚持下去，就是认识到了这一点，海尔集团的 CEO 张瑞敏先生才想尽了办法，只为唤醒员工的危机意识。

从 20 世纪 80 年代中期到 90 年代初，国内面临着短缺经济的考验，"卖方市场"左右供求矛盾，那时候电冰箱是凭票供应，次品都有人抢购。家电企业都认为赶上了赚钱的大好机会，拼命进口散件，组装起来上市变卖现钱。在这种风气下，国内很多家电企业的员工都普遍缺乏一种危机感和质量意识，当时海尔也是这样，公司上下到处弥漫着"差不多""无所谓"的风气。当时中国已经从国外引进了全面质量管理，但并不成功。很多员工也没有"质量在自己手中，自己左右着企业的兴衰命脉"这样的观念，因此，时任海尔厂长的张瑞敏苦苦寻觅一个契机，希望能够在员工中树立起危机意识。

1985 年，一位用户来信反映近期工厂生产的冰箱有质量问题。

张瑞敏突击检查了仓库，发现库存中不合格的冰箱还有76台。在研究处理办法时干部提出两种意见，一是作为福利处理给本厂有贡献的员工；二是作为“公关武器”处理给经常来厂检查工作的工商局、电业局、自来水公司的人，让他们能够与海尔心往一处使。可张瑞敏却做出了一个出人意料的决定：76台冰箱全部砸掉。

张瑞敏召开全厂各部门人员参加现场会，确认了每台冰箱的生产人员后，提出一把重磅大锤，由事故责任人当着全厂职工的面，用大锤将76台冰箱全部砸毁。张瑞敏和总工程师杨绵绵承担责任，扣了自己的工资。全厂员工亲眼目睹那些人流着泪水砸冰箱的情景，开始明白厂长的意图——没有严格的立厂之道，哪有海尔的前途。

因此，张瑞敏忍痛下达了“砸”的命令。嘭嘭的锤声，砸跑了当时全厂员工三个月的工资，也砸碎了昔日靠二等品、三等品、等外品也能过日子的旧梦。

对于当初的情形，一位老工人如此回忆：“工厂还在负债，当时冰箱也很贵，并且这些冰箱也没有多少毛病，也许只是外观上的一道划痕，但张总说它们不能出厂。因为如果把它们卖出去，导致工厂资不抵债的错误就会继续下去。”

冰箱公司的老职工胡秀风说，忘不了那沉重的铁锤，高高举起又狠狠落下，76台质量不合格的成品冰箱顷刻毁于一旦。它砸碎的是我们陈旧的质量意识，唤醒了我们去努力提高自身素质的意识。有了质量，我们才有了现在的一切。

从此，在家电行业，张瑞敏以“挥大锤的企业家”著称。至于那把著名的锤子，海尔现在把它摆在展览厅里，让每一个新员工参观时都记住它。1999年9月28日，张瑞敏在《财富》论坛上说：“这把大铁锤为海尔今天走向世界是立了大功的，因为它唤醒了海尔集团所有人的忧患意识，也给人们的进取心注射了一针兴奋剂。

今天，我们看到了海尔的飞速发展，这其中很大一部分原因是海尔集团的每一个人都时刻保持危机感，这种危机感让他们变得更加努力、更加勤奋，也更加乐于超越自己。所以，只有保持危机感，才能让人们感觉到压力，才能时刻提醒自己进步。在这一点上，日本人的做法就很值得我们去学习。

看看我们周围的生活，但凡接触到电器，总是避不开日本的产品，加上日本汽车和动画片，很多人都感慨我们已经离不开邻邦日本了。事实上，世界上大多数国家都受到日本的三大出口产业的“侵蚀”，日本是怎样变成今天这样一个“无孔不入”的经济大国的呢?

翻开日本的历史，我们发现在很长一段时间内日本都是向中国古代学习的。到了近代，日本也面临着西方的入侵，在打开国门还是闭关锁国方面，日本也曾挣扎过。但是强烈的危机意识让日本人看到自己的不足，因此打开了国门，也走上了强国之路。

日本由四个较大的岛屿和一些小群岛组成，面积与我国四川省差不多大，但人口密度比四川大。日本地狭人多，又没什么资源，而且台风、海啸、地震非常频繁。与世隔绝的地理环境、匮乏的自然资源、频繁的自然灾害，使得日本人产生了强烈的危机意识。

日本的学校每月都会举行一次防火演习，每季度要组织一次较大规模的防震演习。在日本，几乎每个家庭都备有压缩防灾包，里面装有压缩饼干、纯净水、保暖衣、手电筒和雨衣等。日本学生们学到的不仅是自己的山川秀丽、历史悠久，更是被反复教导：国家生存是很艰难的，国家处境是非常危险的，国家是可能随时被别人打垮的。

我们也要学习日本人的危机意识，这样才能更好地激励自己，更好地为将来做准备，我们的发展也会变得越来越好。

危机意识不仅是鞭策我们对自己严格要求的重要动力，也是我们心理减压的重要“防震气囊”。就像孙武说的那样，谋事在人，成事在天。不可预知的未来因素可能会改变我们的计划，甚至将美好幻想毁灭。当期盼已久的愿望没有实现的时候，很多人都不能接受现实，甚至因为一次考试不理想就离家出走。如果事先预想过最坏的结果，即使真的失败了也不会感到受到了多大打击。

平则思险，安则思危。正如孟子曾说过的：生于忧患，死于安乐。人们在生活富裕、环境安逸的时候，往往就容易产生懈怠、懒惰的恶习，而只有时刻保持着危机意识，才能不为环境的安逸而改变，才能时刻保持着进取的精神和不灭的斗志。

速度决定生存

我们讲“兵贵神速”，就是要尽可能快地对敌人进行打击。战争是残酷的，也是瞬息万变的。在战争中，形势的转变往往会在几分钟之内发生，没有高效的执行，输掉的可能不仅仅是一场局部的战斗。所以，无论是寻找战机、制定决策，还是采取行动，都要比对手抢先一步。

在企业的落实工作中，效率仍是一个制约因素。可以说，在市场面前，速度制胜。“传媒大王”罗伯特·默多克说过：“必须快速行动，除了快速做出决定并且以决定为基础采取行动外，没有其他方法可以击败你的竞争对手。懒惰是失败者的专利，只有快速才能生存。”我们看到，许多优秀企业也一直在强调速度和主动出击，因为机遇、市场是不等人的，迟一步就可能会满盘皆输。海尔便是一个强调速度的典型。

2002 年 7 月举行的一次互动培训课程，主题是“推进流程再造”，在会上，张瑞敏出了一个问题：“如何让石头在水上漂起来?”话音刚落，会场上响起了各种答案。有人说“把石头掏空”，有人说“把石头放在木板上”，更有人说“做一块假石头”，这些回答都没有得到张瑞敏的赞同。直到副总裁喻子达喊出“是速度”，这个问题才有了一个完美的答案。张瑞敏引用《孙子兵法》中的话说：“‘激水之疾，至于漂石者，势也。’速度能使沉甸甸的石头漂起来。同样，在信息化时代，速度决定着企业的成败。海尔流程再造要以更快的速度响应市场发展，以满足全球用户的需求。”这一番话为培训确定了主题。

有人问张瑞敏："海尔搞得那么好，你们是怎么作决策的?"张瑞敏回答："我们海尔永远是有50%的把握就上马。"他还说，"有50%的把握就上马，获得的是巨大利润；有80%的把握上马，获得的是平均利润；有100%的把握上马，一上马就死。"

海尔的这种理论，跟曾担任过惠普公司首席执行官的卡莉的观点是一致的，卡莉也曾提出过一个著名的速度理论：先开枪，再瞄准！她表示："过去我们的新产品要在各方面都达到95分以上才推出，现在我们应当改变这种思维方式，产品做到80分就该推出，然后再慢慢改进。"

对这一速度理论，卡莉有一个形象的比喻："你滑水冲浪，要保持一个速度才站得起来。在这一过程中，尽管我们很难精确抓住行进路线，但我们不能为了抓住路线而将速度放慢。网络的时代，要抓住速度，才能进入竞争的门槛!"按照一般人的思维模式，应该先瞄准，后开枪，否则就可能瞄不准目标。可是卡莉却偏偏反其道而行之，她上台之后做的第一件事就是要求惠普"先开枪，再瞄准"。

因为在这个竞争激烈的年代，速度是决定胜负的关键。无数人都盯着同一个市场，如果你不立即做，马上就会被人捷足先登。

1992年金秋，上海街头梧桐叶黄了，诱人的糖炒栗子满城飘香。某晚，酒足饭饱后，长住上海的温州乐清五金机械厂朱厂长逛街去了，他把这种消闲称为"跑信息"，或者说"捡钞票"。拐出延安东路就是热闹非凡的大世界，一家食品店门口排长队买糖炒栗子的人们引起了朱厂长的条件反射。这些年来，朱厂长悟出了一条发财真理："凡是人群密集的地方，一定有财神爷在微笑。"

朱厂长开始仔细地观察，他发现急于尝鲜的上海人买了糖炒栗子后，都咬着、剥着吃，而常常又把栗子内核弄得四分五裂，一副狼狈相。"能不能搞个剥栗器?"他迅速画出了剥栗器的草图，材料用镀锌铁皮，成本每只0.15元，出厂价0.30元。10分钟后，朱厂长推开了商店主管室的大门，向主管提出了自己的创意。主管认为：这是一项发明，顾客肯定欢迎，不过，上市要越早越好，希望朱厂长在两个月之内保证上市。朱厂长笑了："两个月？我一个星期后就送上门。"主管不相信：这审批、核价什么的，没两个月怎么行呢？当晚，传真将剥栗器草图传回了朱厂长在温州家乡的工厂，一副模具两个小时就出来了，冲床开始运转。3 天后，一卡车剥栗器涌进了上海，大大小小商店门口的糖炒栗子摊主都成了朱厂长的经销商。

朱厂长在商场的成功得益于其聪明的头脑，以及他抓住机会后能以最快的速度来执行的能力。曾任温州市委书记的董朝林说："温州人看到有钱可赚，第二天就弄台机器运转起来。机器可以放在家里或朋友的仓库里，行了再盖厂房，厂房大了才请管理人员。要是在其他地方，半年也论证不下来。"正因为温州人的"快鱼"精神，才创造了温州的辉煌。

日本著名企业家盛田昭夫说："我们慢，不是因为我们不快，而是因为对手更快。如果你每天落后别人半步，一年后就落后了一百八十三步，10 年后就是十万八千里。"

现在，市场已经从"大鱼吃小鱼"转变为"快鱼吃慢鱼"的时代，速度和效率在某种程度上决定了企业的生存和发展。在讲求速度的今天，稍有拖延，错失的不只是一个商机，有可能使整个局面失控，甚至在竞争中失败。

临危不乱，宠辱不惊

商场如战场，很多时候并不是单单凭借激情就能够独当一面的，而更多的是要依靠“稳”，才能赢得一番天地。

说到“稳”，我们不得不提到“东方船王”包玉刚。

60年前的宁波小镇上，包玉刚出生于一个小商人家庭，父亲包兆会是个市井小商人，常年在汉口经商，每一分钱都浸满了汗水。家离海不远，包玉刚经常去看海、看船。命运似乎有某种笃定，一定就是一生。包玉刚在13岁的时候到上海读了一所船舶学校，抗日的时候被迫中断，又去银行里当小职员。1949年初和父亲来到香港，自此踏上航海业的征程。在1949年到1978年间，包玉刚用不到30年的时间在一条破船上成长为享誉世界的船王。此中艰辛常人难以理解。

而在香港，有一个人也正强势崛起，那就是比他小10岁的李嘉诚。李嘉诚通过苦心经营，跻身华人首富，一样的艰苦、一样的令人瞩目。一边是船王包玉刚，一边是首富李嘉诚，两人都不会想到如今同会于香江湖畔，一起阻击西洋财团。

1978年7月的一天，李、包两人密会于香港中环文化阁一间隐蔽的房间。谈话的主题直奔九龙仓。

在那次密会中，李嘉诚打算将手中持有的2000万股九龙仓股票转让给包玉刚，包玉刚则必须帮他在汇丰银行承接和记黄埔的9000万元股票。包玉刚意在九龙仓，李嘉诚意在和记黄埔，两大巨头各有所指，共同的目的却是对抗盘踞九龙仓的英国财团怡和。

两人一拍即合，包玉刚当场同意李嘉诚的建议，同时约定事成之前不向外界走漏半点风声，这就是著名的“阁仔会议”。

但是为了以防万一，包玉刚在承接了李嘉诚2000万九龙仓股票后，又悄悄买进1000万股，整个过程神不知鬼不觉，直到他持有的九龙仓股份达到30%，高于怡和的20%时，才高调地宣布自己已是九龙仓最大的股东。

为了更加稳妥地掌控九龙仓，包玉刚又将手里的股票以高于市价的价格转让给环球旗下的隆丰国际，以此来表明，他的最终目标是掌控九龙仓50%以上的控股权。而且，即使这次有什么闪失，他顶多赔掉一个隆丰国际。

回到香港后，包玉刚选择了一家平时并不常住的酒店下榻，然后立即布置收购的相关事宜。在确定怡和出价100元一股后，包玉刚决定以105元一股与之对抗，因为是现金买进，这个价格英国财团肯定无力还手。确定了这点后，包玉刚当天晚上就召开新闻招待会，高调宣布自己将再买进2000万股九龙仓股票。而在解释自己怎么筹到这笔巨款的时候，包玉刚只是轻描淡写地说自己只是到当铺转了转。自此，英国财团怡和彻底被击退。

在整个九龙仓收购战中，包玉刚共动用了23亿现金，人们在不断地感叹，在这场震动世界的商业并购案中，船王是如何在如此短的时间内筹到这些资金的？有些人说是因为他的临危不乱，也有些人认为是他的个人魅力和身后的强大财团。但不管依靠什么，有一点不可否认，包玉刚的沉稳、谋略在关键时刻挽救了他。联手强人、瞒天过海的出游计划，尘埃落定后的平静言语，包玉刚的商业智慧让这艘在大海上飘荡了半个世纪的大船终于安全靠岸，续写传奇。

通过包玉刚的事迹我们发现：商海，有时候波澜不惊，有时候又暗潮涌动，其间的博弈格局，变幻莫测，一个看似不经意的落子，可使双方易局、逆转颓势。经商如行走江湖，“稳”不是退缩保守，而是在深思熟虑谋篇布局后决然出招制胜。如同盖世的侠客，在利剑出鞘的那一刻胜负已然分明。当他飘然而去的时候，只能看到狼烟背后的宠辱不惊。诚如包玉刚，这个经过大风大浪的人不会在乎这一时的波涛了。

先吃亏，后收益

中国富豪黑马有很多匹，据说，他是最特立独行的一匹。因为他的致富模式与众不同：先吃亏，后收益。

2005 年美国哈佛商学院的教科书里收录了一则中国商人的经典案例，他在公司创建后做的第一单生意是一笔赔本买卖：“赔 5 万不如赔 8 万。”而这个在当时被无数人耻笑的商业行为，日后却为他带来了 800 万元收益，这个人就是严介和，江苏太平洋有限公司老板。

每每说起第一笔生意，严介和总要回顾以前的经历：“我其实不必下海。别人下海，我是跳海。下海的人是苦海无边，回头是岸；跳海的人是苦海无边，回头无岸。”

1986 年前，这个出生在大运河边的淮安人一直在家乡中学教书，先是普通教师，再是教务处副主任。原本顺风顺水的一切，只因为一件事改变了：超生。

“我早婚早育，1983 年有了第一个孩子。那时候妈妈就讲，权大权小是没完没了，钱多钱少总有烦恼，唯有天伦之乐，才能过好一生，这是最好的财富。妈妈的话一定要听，一定要给妈妈再生一个孙子。我是老九，排行最小，第一个孩子又是女孩，苏北人重男轻女没办法，我又是个孝子，所以也是很痛苦的。后来没办法，又生了一个孩子。生下第二个孩子后，我主动递交了辞职报告。”

严介和喜欢一句话：“出来混，总是要还的。”因为超生，他知道要承担责任，就递交了辞呈。从 1986 年到 1996 年的 10 年间，他先后在七家国企任职，哪家负债累累经营不下去了就去哪家。替企业还债的过程似乎也是为自己还债。他明白了一个道理：吃亏与还债都是一样的。现在吃亏，上天总会在日后的某个时候给予回报。而此时欠债，上天也总会在某个时候让你受到惩罚。

大概正是因为明白了这点，严介和才在创建江苏太平洋有限公司后接下了一笔赔钱也要做的买卖。但是，有些事情的玄机只有自己知道。严介和不傻，接下这单生意，他真的是为了赔钱吗？

1996 年，在往南京奔波了 11 次后，严介和终于拿到了一笔仅仅 29. 4 万、工期 140 天的单子，工程内容是给南京高速公路修 3 个小涵洞。看着单子上的“29. 4”这几个阿拉伯数字，严介和一时踌躇不定。他没想到，等了半天，等来的却是一笔赔本的买卖。

“我算了一下，把这三个涵洞修完要赔 5 万元钱，因为是经过五次转包的工程了，管理费累计上交 36%，没办法不赔钱。”

但出乎所有人意料的是，严介和接下了这笔单子。

“我跟他们说，干，既然赔了就赔到底，赔 5 万不如赔 8 万！”

最后的工程做得很好，原本需要 140 天完成的项目，70 多天就干完了。

结工那天是大年三十的晚上，严介和一人开着一辆手扶拖拉机，开了 100 多公里才回到家。他说：“那时的身体是疲惫的，心情却是愉悦的。”

当时，没有人明白严介和真正的心思，也没有人明白他“心情愉悦”到底指什么，仅仅指提前保质保量地完成了项目？直到那次工程指挥部的领导让总承包商江苏省交通工程总公司老总把严介和请到南京吃顿便饭，人们才大概明白了严介和的真正意图：他看上了这单生意背后强大的政府资源。吃小亏，是为了钓大鱼。

而这鱼果真被他钓上来了。在那次便饭上，工程部领导对严介和的工作非常满意，觥筹交错间，领导说还有大工程要交给他。严介和一听来了精神，满满的一杯酒一口下肚。领导哈哈大笑："爽快，爽快。"那条高速公路上的其他配套工程，就这样归入严介和的囊中，而所有工程做完，他竟赚了800万元

自此，严介和的名声便一传十十传百地传开，他"好吃亏"的秉性也渐渐人所共知。

吃亏便成了严介和经常说的话，只是，他会在吃亏后面加两个字：吃亏是富。

"亏吃多了，也会生出钱来。"

从2003年底开始，严介和开始频繁地和多个地方政府接触。不久之后，就收购、接管了30多家亏损的国有大中型企业，旗下的企业已经有100多家，他因此获得了众多市政工程建设项目，一条通过收购亏损国企而获得政府建设工程的发财路被严介和走了出来。其中运用的哲学依然是"将欲取之，必先予之"的吃亏在先原则。

严介和也一再强调："国企，我们只关注亏损的0"。他强调人的眼光不要太浅，"要看到以后的发展机会，要和政府建立良好的关系"。一切都是为了长线经济。

现在，严介和已经凭借100多亿元的个人资产登上中国富豪榜前几位，有人称他为富豪黑马，只有他知道自己的成色到底有多少。

有时，闲来无事，他会坐在自己的办公室里想想自己的从前。他觉得，在自己真正创业之前，似乎都是在先得到一些东西，然后又不得不在某些时候为其还债，比如超生、辞职、下海。直到他创业后，当他真正吃亏在先，收获才源源不断地到来。于是，严介和总结了一套适合于自己的商业模式：先吃亏，后回报。而这一点，也真正成就了他中国富豪的地位。

无论从事哪一行，如果只想"取"而不想"予"，即使得到一时

的便宜也可能是短暂的效益。所谓的放长线钓大鱼，是不在意眼前得失，立足于长远，谋求更深远的发展。先予后取需要胆量，需要承受极大的风险，而当你真正发现了风险背后的商机，就要大胆地迈出那一步，切莫迟疑。吃亏是富，只有做过的人，才知道这句话的妙义。

利用名人打品牌

2000年12月，牛群开始了他的一段执政生涯。有人说，他是演艺界第一个吃螃蟹的人；有人说，这是炒作；有人说，这是作秀……无论人们如何评说，事件的主人翁——牛群还是在2000年12月29日到全国第一养牛大县——蒙城县正式走“牛”上任了，并且主管“牛经济”和“牛文化”。

作为名人，牛群的影响力不可小视。牛群上任的当天总共有70多家媒体派记者云集蒙城县，对牛群的任职进行聚焦，聪明的记者们在透过各种不同的形式，向他们的听众、观众和读者介绍牛群上任情况的同时，也有意或无意地宣传了蒙城，使蒙城这个过去名不见经传的地方一夜之间蜚声海内外，极大地提升了蒙城的知名度。据有关人士说，牛群到蒙城县当副县长后，互联网上检索到“蒙城”的条目从2000余条猛增到近20000条，蒙城迅速成为在全国最具知名度的县之一。

牛群使蒙城有了更大的知名度，蒙城与外界的合作也多了。世界上最大的种子集团之一——美国百绿集团的副总裁马酷，奔着牛群当副县长的事儿，决定向蒙城县无偿赠送可以种植100亩地的牧草种子；2月7日，河北的巨葱专家袁振中赶到蒙城县，将自己用十余年汗水培育出的巨葱新品种捐给了蒙城县，同时，还与牛群商定了在蒙城县建立巨葱育种基地的协议；2001年2月23日，牛群赶到滁州市对扬子集团进行考察，拉开了蒙城县冷冻机厂同扬子集团合作开发生产改装车、家用空调器的序幕……

利用名人打出品牌，作局作势，这在商业社会的今天被多数企业所采用。利用名人，只是搭形造势的一种策略，综观现代广告界，借权力的力量来造势、树立品牌也屡见不鲜。

搭形做势，巧在搭形，意在做势。只要你想，你就能找到自己所想搭借的“形”，从而制造出你想要的“势”，为你的成功增添无限动力。

想尽办法满足顾客的要求

在商场上，顾客就是上帝，顾客的要求就代表着顾客的需求。要想创造财富，就要充分借助于顾客的人气，明白他们需要什么，然后满足这些人的需要。劳斯莱斯轿车就是这么发展起来的。

近一个世纪以来，劳斯莱斯轿车一直是英国的骄傲，它象征着成功、财富、权力与地位，被视为英国的“国宝”。

出生于英国平民家庭的亨利·莱斯因为设计利物浦第一街道照明系统而小有名气。此后，凭借自己的电气、机械知识，他又制造出了各方面都优于福特汽车的汽车，他的成功惊动了具有贵族血统的驾驶员兼飞行员劳斯。富有的劳斯欣赏莱斯的才华，他们一个出资金、一个出技术，就这样，1906 年劳斯莱斯汽车公司成立了。

1907 年，劳斯莱斯公司制造出第一批汽车，并命名为“银色幽灵”。“幽灵”，顾名思义是没有声音、没有动静，取这样一个名字是形容这种车子的噪音之小、振动之微。

一个世纪以来，劳斯莱斯公司相继推出了三种汽车品牌，即“银灵”“银羽”和“银影”。“银灵”为黑蓝等深颜色，通常会卖给国家元首、政府首脑和要员、王室成员以及英国有爵位的贵族人士。“银羽”则为中性颜色，一般会卖给绅士名流。“银影”为白灰等浅色调，大多卖给公司集团和富豪。只有这些人才买得起外表雍容、性能超群、工艺精湛、价格昂贵的“轿车王”。

令人难以想象的是，生产如此“极品”的劳斯莱斯公司的制造车间看起来竟像是一个非常原始的手工作坊。那里的工人用锤子、火铬铁和缝纫机等工具干活儿。对此，劳斯莱斯公司的高级管理人解释说，劳斯莱斯不大批量生产产品，月产只有60几辆。从1906年建厂到现在总共制造出的轿车只有14万多辆。在这种情况下，流水线式的生产方式除了增加成本之外，并不能给公司带来什么好处。

更重要的是，在劳斯莱斯，手工劳动保证了设计和生产的灵活性，公司可根据市场变化和顾客的要求不断改变设计，并随时投入生产。即使是今天，有许多零部件仍是经过手工制作的。

手工劳动是劳斯莱斯保持个性化的主要方式。这里生产出的每一个部件都具有个性色彩，并刻上了工人们的名字。

手工生产最重要的问题是保证质量。近年来，在劳斯莱斯轿车厂内的报告板上出现了两个汉字“改善”。现在这一极具东方特色的“改善”概念已成为这个工厂经营管理者的口头禅。事实上，“改善”的管理方法跟亚洲人的管理方法非常相似。它强调个人的主动性和群体合作性。根据这个新管理方法，他们把工人划成17个独立核算的实体，每个实体都有自己的管理层，实体人员的经济利益与产品质量相互促进、相互制约。

在劳斯莱斯轿车厂的车间里，到处都可以看到公司创始人亨利·莱斯的名言。其中最引人注目的是“把最好的东西拿来，并在你手上把它变得更好”和“微小的事物可以创造完美，但完美从来就不是小事。”

在劳斯莱斯轿车从整体到细节充分体现了莱斯崇尚完美的精神。劳斯莱斯公司把每一部车辆的制作都当成一件精美的艺术品来对待，精心制作每一个零部件，以致连一枚螺丝钉也要反复修正。广告大师戴维·奥格威为其所做的广告通过19个方面详细记录了劳斯莱斯轿车的与众不同之处，真实地让人们看到了劳斯莱斯的精益求精。

劳斯莱斯轿车内的木制仪表板、餐桌等都是选用上等的桃木、橡木和红木制造而成的。其中有一种桃木是公司特地每年派人到美国选购的。它的代价是一整棵树，而这棵“遥远”的“进口”的树却只有一段是符合要求的。

劳斯莱斯轿车的喷漆过程也极为严格。首先要在车体上涂上一层含锌材料用来防腐蚀，然后进行处理。上完漆后再加上密封剂和蜡，这样，车身可以长期保持鲜明的颜色，路面上溅起的硬物也很难损伤喷漆。在车子出厂之前，每块玻璃都要用擦光学镜头的浮石粉精心擦拭。

尤其值得一提的是那个在车前盖上方装着的美丽的小天使，它的选料极其考究，制作极其精良。

劳斯莱斯的发动机要在专门的仪器上进行反复测试，完全合格后才能进入下一道工序，而不像有些厂家的发动机造好就直接上流水线。

通常，一辆劳斯莱斯轿车的生产要用几个月时间，其中最为严格的即路试，竟长达两个星期，每一辆车必须经过5000英里测试，否则就不能交给买主。

几十年来严格的技师管理、坚持将先进技术与传统工艺相结合的精益求精的制作技艺与追求完美的工作态度，使得劳斯莱斯享有品质超群、经久耐用的美名。尽管劳斯莱斯轿车价格不菲，但他卓越的品质却使众多富豪忘记了价钱。

劳斯莱斯有这样一句箴言："永远不要问我们现在有什么，而要问我们还能为顾客做些什么。"正是这样的信条，使劳斯莱斯对顾客有求必应，总是尽最大努力在最大限度上满足客户的需要。

在劳斯莱斯公司，有一个专门的部门负责满足客户在标准设计之外的特殊要求。他们总是想尽办法满足顾客的各种要求，无论是什么，他们都是有求必应。

借助顾客的要求，同时也借助顾客庞大的人气，使得劳斯莱斯公司发展得如此迅速，使他们的品牌永远留在了顾客心中。

给厚利多销一个充分的理由

有的商人对薄利多销是不屑一顾的，他们会反问：“为什么要为了获得薄利而多销，为什么不为了赢得厚利而多销呢？要知道，有钱人的荷包是鼓鼓的。”

薄利多销的经营法则被古今中外的商人所推崇，而且实践证明，这种经营法科学而可行。但有些商人采用逆向思维，他们自有一种与众不同的招数，对薄利多销的买卖毫无兴趣，却对厚利多销的生意兴趣盎然。

其实，厚利多销策略也有其优势。在薄利多销中，卖三件商品所得的利润只等于卖出一件商品的利润；但在厚利多销中，出售一件商品，获得一件商品应得的利润，这样既节省了各种经营费用，还可保持市场的稳定性，并很快可以按市价卖出另外两件商品。而以低价一下卖了三件商品，市场已饱和了，你想多销也无人问津了，利润起码比高价出售者少了很多，并毁了市场后劲。

因此，聪明的商人在经营活动中，为了避免其他商人薄利多销的冲击，他们宁愿经营昂贵的消费品，如珠宝、钻石、金饰之类，而不经营低价的商品，这其中就包括聚成资讯集团有限公司。

随着企业的成长壮大，以及人才的充实，聚成开始着手开发新的产品和服务。聚成注意到，虽然国内的中小型企业发展速度快，但因为人才限制而频频遭遇发展的瓶颈，这困扰着很多企业的发展，而最需要提高素质的就是企业家群体。聚成总裁陈永亮结合“国学热”，提议开发高端产品——华商书院。

2006年12月，聚成旗下的华商书院第一期商界领袖博学班顺利开学。12月20日《广州日报》报道："久未听闻的《论语·学而》的朗诵声一阵阵从孔府旁边传出，如一轮暖阳流淌在山东曲阜的寒冬。这就是50位来自全国各地的企业董事长、总经理，作为华商书院第一期商界领袖博学班的学员，在中山大学哲学系主任黎红雷教授的带领下共同研读《论语》，以求从华夏最深邃的智慧中找到企业管理、富强的理念和方法。"

华商书院只对企业董事长、总经理开放，每期只招收50人。课程包括：八大国学宝典品读——《易经》《论语》《道德经》《韩非子》《孙子兵法》《人物志》《禅宗智慧》《黄帝内经》；五位历史人物研究——宋太祖、唐太宗、曾国藩、胡雪岩、毛泽东；企业家素质管理系统——宏观经济学、企业战略规划、企业家公众演说训练、企业资本运营。授课讲师则是由国内各学术领域和实战派企业家组成的庞大阵容。而其另一个特色就是国学、帝王学的授课地点基本上都选择在历史人物、事件的发源地、转折地等处。例如，学儒商思想就去曲阜，研读诸葛亮就到"大江东去浪淘尽"的赤壁遗址，研读毛泽东就去伟人故里韶山，学习道家思想智慧就去道教圣地青城山去游学，学习禅宗智慧就到佛门净土少林寺。

聚成在培训产品创新方面，又一次走在了国内培训行业的前列。

与星巴克一样，聚成华商书院很好地实践了差别化战略：它是中国唯一一个只为年营业额在3000万元以上的董事长、总经理开放的学院，学员们可在此建立高端人脉网；它是中国唯一一个全国游学的学院，读万卷书，行万里路，寓教于乐；它还有一项独特的增值服务：同学企业互访，并实地讨论企业问题，集思广益。

由于有了这三大差异，华商书院的学费由开始时的十几万元涨到二十余万元，仍不愁招不到学员。

这种厚利多销营销策略，是以有钱人作为着眼点的。有钱人看重身份、讲究文化品位，对他们来说，花几十万元上一期培训是很值得的，既增长了文化知识，又显示出社会地位，满足了其心理需求。正如名贵的珠宝、钻石、金饰等消费品，一掷千金，只有有钱人才买得起。既然是有钱人，他们付得起，又讲究身份，对价格就不会那么计较。相反，如果商品定价过低，反而会使他们产生怀疑。俗语说“价贱无好货”，这句话给有钱人的印象是最深的。聪明的商人们就是这样抓住有钱人的心理，开展厚利策略经营，即使经营非珠宝、非钻石的首饰商品，也是以高价厚利策略营销。

当然，厚利多销并不意味着你的价格越高，别人就越愿意买。高档消费者也并不是盲目消费的，必须给其一个充分的理由，否则想要让他痛快地掏出钱来并不是件容易事。这个理由就是质量有保证，让他们相信高价物有所值，这样，你的生意才会越来越兴隆，创造的财富才会越来越多。

借人智慧，提升自己

即使是天才人物也不可能样样精通。因此，成大事者要善于借用别人的智慧，把它转化成自己的智慧。在借用别人智慧的过程中得到灵感和启发，使自己得到提升。

当今世界，对于想取得成功的人来说，已经不仅仅需要个体的努力，而且需要知识的高度集结来作为成功的基石。因此，你越是善于从群体中求知，越是不断地开拓新的求知领域，就越是有益于人与人之间的优势互补，你的智能结构就越完美、越富有应变能力，进而越能够应付变化繁复的社会发展和科学技术的发展。

唐太宗在总结了历代帝王得失教训后曾经对大臣们说："许多帝王总是按个人喜好做事，心情好的时候连毫无功绩的人也胡乱封赏，一旦有任何不顺心的事便马上大发雷霆，不分青红皂白地滥杀无辜。天下之所以大乱往往是由于这个原因。我日夜以此为警戒，如果各位有意见，不妨直率地提出来。"唐太宗正是由于广泛地听取和采纳臣子的谏言，才能不断地反省自我、扬长避短，从而巩固自己的政权，创立了太平盛世的繁荣局面。

这给我们以另一层深刻的启迪。当今人类要解决自然科学与技术科学乃至各个领域的某些重大问题，单靠个人单枪匹马已很难奏效，往往需要人才的协同作战和多学科的交汇。

现代人心目中的游戏乐园迪士尼正是因为多人的协作和努力，才变得更加吸引游客驻足。

一个小女孩到了向往已久的迪士尼乐园，还幸运地遇到了乐园的创办人华特·迪士尼。小女孩激动地问道："您真伟大！您创造了这么多可爱的动画朋友！"

华特·迪士尼微笑着回答："不，那些是别人创造出来的，不是我的功劳！"

小女孩又好奇地问："那些可爱朋友的有趣故事应该是您创作的吧?"

老人还是平静地笑着："也不是，是许多聪明的富有想象力的作者和制作员想出来的！"

小女孩认真地打量着自己心目中的大人物，不甘心地问："可是……可是您到底做了些什么呢?"

华特. 迪士尼爽朗地笑了，抚摸着小女孩的头，说："我所做的就是不停地发现这些人，把他们召集在一起啊！"

那些真正做大生意、赚大钱的人大都是利用别人的智慧赢得财富的。借助别人的智慧来为自己办好事情，不需要什么事情都亲自去做。你只需要比别人知道得多一些、看到的问题多一些，然后安排人来解决这些问题。简而言之，不需要你亲自动手的就放手让别人去做。

"君子善假于物"，精明的人善于用人。也许你可以凭借自己的勤奋和聪明才智获得一定的财富，但是如果你能把自己和别人的想象力与智慧完美地结合起来，那不是更完美吗?

放弃可以借用的头脑和智慧，恰好证明自己没有头脑和智慧。

若论起专业知识和智商来，很多成功的企业主或者明智的生意人并不比他们的员工和下属聪明多少。但是他们最大的聪明在于善于利用自己团队成员的聪明和智慧。他们会激发团队中的每个人发挥出其他成员不能拥有的才能，并指导他们，避免让他们偏离工作目标，让他们理解团队的任务，并且引导他们把主要精力放在上面。这种管理之下的团队一定会像生活在迪士尼乐园中一样，富有创造性，爆发出工作热情和干劲。

能够发现自己和别人的才能，并能为我所用的人，就等于找到了成功的力量。聪明的人善于从别人身上吸取智慧的营养补充自己。从别人那里借用智慧，比从别人那里获得金钱更为划算。读过《圣经》的人都知道，摩西算是世界上最早的教导者之一。他懂得一个道理：一个人只要得到其他人的帮助，就可以做成更多的事情。

当摩西带领以色列子孙前往上帝许诺给他们的领地时，他的岳父杰塞罗发现摩西的工作实在过量，如果他一直这样下去的话，人们很快就会吃苦头了。于是，杰塞罗想办法帮助摩西解决了问题。他告诉摩西将这群人分成几组，每组 1000 人，然后再将每组分成 10 个小组，每组 100 人；再将 100 人分成 2 组，每组各 50 人。最后，再将 50 人分成 5 组，每组各 10 人。然后，杰塞罗又教导摩西，要他让每一组选出一位首领，而且这位首领必须负责解决本组成员所遇到的任何问题。摩西接受了建议，并吩咐那些负责 1000 人的首领分别找到胜任的伙伴。

用心倾听每个人对你的计划的看法，是一种美德，它是一种虚怀若谷的表现。他们的意见，你不必每个都赞同，但有些看法和心得一定是你不曾想过、考虑过的。广纳意见，将有助于你迈向成功之路。

万一你碰上向你浇冷水的人，就算你不打算与他们再有牵扯，还是不妨想想他们不赞同你的原因是否有道理，他们是否看到了你看不见的盲点，他们的理由和观点是否与你相同，他们是不是以偏见审视你的计划？问他们深入一点的问题，请他们解释反对你的原因，请他们给你一点建议，并中肯地接受。

台湾巨富陈永泰说得好：“聪明人都是通过别人的力量，去达成自己的目标。”

一个人大部分的成就总是承蒙他人所赐；他人常在无形之中将希望、鼓励、辅助投入我们的生命中，从而激活我们的精神世界，使我们的各种能力趋于锐利。

所以，一个人力量有多大，不在于他能举起多重的石头，而在于他能获得多少人的帮助。一幅名画中最伟大的东西，不在于画布上的色彩、影子或格式，而是在这一切背后的画家的人格中——那粘着在他的生命中，那为他们所传袭、所经历的一切的总和所构成的一种伟大的力量！

钢铁大王卡内基曾经亲自预先写好自己的墓志铭："长眠于此地的人懂得在他的事业过程中起用比他自己更优秀的人。"所以，个人的优秀并不是最大的优秀，善于借助他人智慧的人、懂得整合所有的优秀和智慧的人才是最优秀的，才能在事业上更上一层楼。